Léon Faucher

De la Production et de la démonétisation de l'or

essai

ISBN : 978-1533481610

10 9 8 7 6 5 4 3 2 1

Léon Faucher

De la Production et de la démonétisation de l'or

essai

Table de Matières

Introduction

Depuis le commencement du siècle, l'or avait constamment joui en Europe d'une faveur marquée par rapport à l'argent. La valeur commerciale de ce métal demeurait en moyenne supérieure d'environ 1 pour 100 à sa valeur légale. L'or ne circulait plus qu'en Angleterre à l'état de monnaie ; dans toutes les contrées qui ont un double étalon monétaire, la monnaie d'or, à peine frappée, redevenait marchandise et tendait à sortir de la circulation. Des trésors inattendus se révélaient sans que l'exploitation de ces gisements aurifères parvînt à rétablir l'équilibre entre les valeurs métalliques et à saturer le marché. La civilisation, en se développant dans les temps historiques, ne faisait que convertir en réalités les légendes des temps fabuleux. L'or, en raison de l'importance et de la constance de sa valeur, semblait devoir être à perpétuité le symbole et l'agent principal de la richesse.

Dans ce courant que suivaient les métaux précieux, un temps d'arrêt ou plutôt une déviation se manifeste aujourd'hui. L'or paraît appelé à déchoir de sa suprématie monétaire. Cette souveraineté a été d'abord battue en brèche, comme tant d'autres, par une sorte d'insurrection de la peur. Il y a dix ans, l'on redoutait outre mesure la dépréciation de l'argent ; c'est la dépréciation de l'or qui fait depuis dix-huit mois les frais de la panique. Quelques-uns des peuples qui cherchaient auparavant à l'attirer ou à le retenir dans leur circulation au prix de grands sacrifices ont montré une impatience fébrile de l'en expulser.

La Hollande a pris les devants ; dès le mois de juin 1850, elle démonétisait ses pièces de 10 florins ainsi que ses guillaumes. Le Portugal n'a suivi qu'à moitié cet exemple, en décidant que les monnaies d'or cesseraient d'avoir cours dans le royaume à l'exception des souverains anglais. La Belgique, qui, pour faire abonder le métal le plus précieux sur ses marchés, non-seulement avait donné cours à nos pièces de 20 et de 40 francs, mais avait encore frappé, en 1847, une monnaie de fantaisie et de mauvais aloi, s'est empressée de démonétiser les espèces d'or tant indigènes qu'étrangères. Par un ukase du 29 décembre 1850, la Russie, voulant maintenir l'équilibre, a prohibé l'exportation de l'argent. Le gouvernement français lui-même, touché de la nouveauté et de la soudaineté des circonstances, a nommé une commission « à l'effet, dit le ministre des finances dans l'arrêté du 14 décembre 1850, d'étudier les questions qui se rattachent à l'emploi simultané des deux métaux précieux, l'or et l'argent, comme monnaie légale dans la circulation. »

Des pouvoirs publics, la terreur a passé un moment aux intérêts privés, et la valeur des métaux précieux a éprouvé, sur le marché européen, une perturbation sensible. Dans l'espace de quelques mois, la prime de l'or a disparu pour faire place à une dépréciation qui n'était contenue que par le tarif légal. Du 1er juillet au 25 décembre 1850, le prix des souverains anglais a baissé à Paris d'environ 2 pour 100. À la bourse d'Amsterdam, la baisse de l'or atteignait, la même année, vers la fin de décembre, la proportion énorme de 4 pour 100. À la même époque, l'argent avait obtenu, sur le marché de Londres, une prime à peu près équivalente : de 4 shillings 11 deniers et demi l'once, le prix de l'argent s'était élevé à 3 shillings 1 denier cinq huitièmes. Le rapport de l'or à l'argent, que la loi de l'an XI a fixé chez nous à 15 onces et demi d'argent fin pour une once d'or sans alliage, et que la prime constante de l'or en Europe avait porté à 15 onces trois quarts, tarif de l'Espagne, descendait à 15 un quart en Hollande, en Belgique, à Hambourg, partout enfin où l'or cessait d'être monnaie pour devenir simplement marchandise : c'était presque le tarif de la Russie, contrée dans laquelle l'abondance de l'or et la rareté de l'argent ont fait fixer le rapport des deux métaux à 15 onces d'argent fin pour une once d'or.

Quelle que fût néanmoins la dépréciation pour le présent, on la voyait dans l'avenir bien autrement forte. Les sombres prédictions de la presse ajoutaient aux alarmes du public ; dans les journaux de toutes les couleurs et de tous les pays, on annonçait, comme un événement infaillible, que, sous l'influence combinée des extractions de la Californie et des lavages de la Russie, la valeur de l'or, avant peu, ne représenterait plus que neuf à dix fois celle de l'argent. Pendant que des nuées d'émigrants s'abattaient, au péril de leur vie, sur les Montagnes-Rocheuses, doublaient par économie le cap Horn, ou prenaient, dans leur impatience, le chemin plus court, mais aussi plus dispendieux de l'isthme de Panama, allant à la conquête de la toison d'or, ces trésors, dont ils s'exagéraient le prix, s'avilissaient déjà outre mesure en Europe : ce qu'il y avait de plus positif et de plus précieux au monde six mois plus tôt semblait relégué, pour un terme prochain, dans le domaine des chimères. À l'auromanie de toutes les époques succédait, parmi les peuples les plus civilisés, une sorte d'aurophobie.

C'est la Grande-Bretagne qui, la première, a fait face à la déroute. Pendant que le commerce continental s'effrayait à l'idée d'un accroissement considérable dans l'importation de l'or, la banque d'Angleterre n'a pas craint de chercher à contenir l'exportation. Au commencement de l'année 1851, elle a porté de 2 et demi à 3 pour 100 le taux de l'escompte, et presque aussitôt le change s'est relevé : la livre sterling, qui était tombée un instant à 24 fr. 70 cent., soit de 2 pour 100, est remontée en peu de jours à 24 fr. 95 cent. ; elle oscille aujourd'hui entre 25 fr. 35 cent, et 25 fr. 45 c., ce qui représente une prime de demi à trois quarts pour 100. Ce n'est pas tout, la monnaie de Paris, qui recevait l'or par millions en décembre 1850 et en janvier 1851, a vu ce mouvement se ralentir dès le printemps de 1851, au point que ce qui lui avait d'abord été apporté en un jour ne lui venait plus en une semaine. À cette époque, les oscillations du marché paraissaient avoir atteint leur terme, le calme rentrait dans les imaginations, et les valeurs monétaires se rapprochaient de leur niveau légal. Le moment semblait donc plus propice pour examiner si la perturbation à laquelle on venait d'assister tenait à des accidents passagers ou à des causes durables.

Sur cette difficulté, qu'il avait d'abord paru disposé à trancher sans préparation et sans délai, le gouvernement français n'a pas tardé à comprendre qu'il y avait lieu de se livrer à des études plus approfondies. On lit, en effet, dans le *Moniteur* du 15 janvier 1851 : « La commission formée par arrêté du 14 décembre et présidée par M. Fould, ministre des finances, pour examiner la question des monnaies, a reconnu que la dépréciation récente de l'or a été principalement produite par des causes accidentelles dont l'action commence à se ralentir, que l'influence que des causes permanentes pourraient avoir exercée sur cette dépréciation ne saurait être aujourd'hui suffisamment déterminée, que dans cet état de choses il est nécessaire de réunir des informations précises sur la production des métaux précieux, principalement en Californie et

Léon Faucher

en Russie. En conséquence, la commission a été d'avis que, d'après les faits constatés, il n'y avait lieu d'apporter aucune modification à notre régime monétaire. »

Cette détermination était sage, et l'événement n'a pas tardé à la justifier. D'une part on effet, le prix de l'or, reprenant à peu de chose près son ancien niveau, a dépassé encore une fois la valeur légale ; de l'autre, la découverte que l'on a faite, vers le milieu de 1851, de riches gisements aurifères dans les régions méridionales de l'Australie, semble venir à propos pour renouveler une controverse suspendue, mais non pus épuisée. Les éléments du problème changent et se compliquent d'heure en heure.

À défaut de documents officiels, nous avons les récits des pionniers et les renseignements du commerce. Il nous est venu assez de lumières du nord, de l'ouest et du sud, pour que l'on puisse désormais établir tout au moins des conjectures sur la portée du mouvement qui s'opère dans la production des métaux précieux. J'ajoute que l'on abordera cette étude aujourd'hui avec un esprit dégagé des appréhensions qui tendaient à l'obscurcir. Le commerce des métaux qui servent de monnaie paraît être rentré dans des voies régulières. Le fantôme de la baisse ne semble, pas plus que celui de la hausse, suspendu en ce moment sur le marché. Tout récemment, pour empêcher la sortie de l'or, la Banque de France en a élevé la prime. À Londres comme à Paris, les réservoirs métalliques sont remplis. La banque d'Angleterre compte plus de 500 millions, et la Banque de France environ 600 millions dans ses caves. L'importation des métaux précieux en Europe s'opère lentement. Rien ne s'oppose donc désormais à cette observation patiente et sûre des faits qui seule peut légitimer les inductions de la science.

Partie I

La valeur qui est attachée aux métaux précieux dans leur fonction de monnaie n'a rien d'arbitraire : il ne dépend ni des gouvernements ni des assemblées de la fixer au gré de leurs convenances ou de leurs besoins. Les pouvoirs publics ne sont en cela que les organes des faits, dont ils subissent et proclament la loi. L'empreinte du souverain gravée sur les monnaies les érige en signes représentatifs de toutes les valeurs, en déclarant et en garantissant leur valeur intrinsèque ; mais le prix légal de l'or et de l'argent doit être l'expression exacte de leur prix commercial. En cela consistent la solidité et la régularité de la circulation monétaire.

Les causes qui déterminent la valeur des métaux précieux sont les mêmes qui concourent à fixer le prix des autres marchandises : c'est avant tout le rapport de l'offre à la demande, l'abondance relative ou la rareté de l'or sur le marché. Plus la richesse métallique d'un peuple vient à augmenter, et moins l'or et l'argent ont de prix aux yeux de tout le monde. Leur puissance commerciale diminue dans la même proportion que s'accroît leur quantité. Moins au contraire il y a d'espèces en circulation, et plus chaque fraction du numéraire a de valeur dans les échanges. Une parcelle de ce trésor suffit alors pour acheter une quantité considérable de produits, et l'on dit à volonté ou que les denrées, par exemple, sont à bas prix, ou, ce qui revient absolument au même, que l'argent est cher. Ainsi l'argent, du temps de Charlemagne, avait une puissance onze fois plus grande qu'aujourd'hui, ce qui veut dire qu'il était onze fois plus demandé et onze fois plus rare. On sait que la découverte de l'Amérique, en inondant de métaux précieux la circulation monétaire en Europe, amena dans leur valeur une subite et profonde dépréciation, qui, à travers de légères oscillations, tantôt en hausse et tantôt en baisse, subsiste encore de nos jours.

Non-seulement l'état du marché sert de mesure à la valeur de l'or et de l'argent par rapport aux autres marchandises, mais, pour en fixer la valeur relative, pour déterminer l'écart qui doit exister, selon les lieux et selon les circonstances, entre le prix de l'or et celui de l'argent, il n'y a pas d'autre base que l'abondance ou la rareté de chacun des deux métaux précieux, et l'indifférence ou l'empressement des acheteurs à l'égard soit de l'un, soit de l'autre.

Le rapport de l'or à l'argent est variable de sa nature. En vain le commentateur d'Adam Smith, Garnier, s'efforce d'établir que la valeur de l'or, dans les temps anciens, ne différait pas sensiblement de celle que ce métal obtient dans les temps modernes, et qu'elle représentait déjà, au rapport d'Hérodote, sous le règne de Darius en Perse, ainsi que du vivant de Platon en Grèce, poids pour poids et à litre égal, à peu près quinze fois la valeur de l'argent.

Léon Faucher

La critique n'a pas tardé à démolir, à la lumière des textes et des faits, cette hypothèse plus ingénieuse que solide. Il reste démontré que l'argent ne tenait pas, dans la richesse métallique des anciens peuples, la place importante qu'il occupe dans la nôtre, et qui en fait l'agent nécessaire de la circulation.

Quand on cherche à s'orienter à travers les variations monétaires et à saisir un principe qui dirige l'observation, l'on ne tarde pas à reconnaître que l'écart qui existe entre la valeur de l'or et celle de l'argent augmente à mesure que la civilisation et l'industrie se développent. Ce n'est pas sans raison que la mythologie, transportant dans le domaine moral les analogies du monde physique, fait succéder l'âge d'argent à l'âge d'or. Historiquement, en effet, la découverte et l'exploitation des terrains aurifères ont dû précéder la découverte et l'exploitation des gisements argentifères. L'or se rencontre presque partout à l'état natif, pur ou allié à l'argent ; en fouillant les alluvions des rivières ou des ruisseaux, on l'obtient par un simple lavage. Ce travail est à la portée des peuples les moins avancés dans les arts mécaniques et dans la science : ce sont des trésors que la nature a répandus à la surface du globe, et qu'elle a jetés pour ainsi dire sous les pas des premiers occupants. L'argent, au contraire, encastré dans les roches des terrains primitifs, ne se trouve guère qu'à de grandes profondeurs. L'extraction de ce métal exige des machines puissantes, toutes les ressources de la chimie, l'action combinée des volontés, des forces et des capitaux : c'est l'œuvre d'une civilisation déjà développée et sûre d'elle-même.

Presque tous les peuples de l'antiquité, quel que fût leur état social, ont connu l'usage et la valeur de l'or. De l'Inde à l'Ibérie et de l'Éthiopie aux régions hyperboréennes, il n'est guère de race ; campée ou établie sur le sol, qui n'ait débuté dans le travail industriel par exploiter ces richesses de la superficie. Quelle contrée n'a pas eu son Pactole ? Quel prince ou satrape n'a pas été thésauriseur comme Midas ou Crésus ? Le luxe des grandes monarchies qui se sont succédé dans la domination de l'ancien monde accuse une abondance de trésors métalliques que l'on n'a pas encore égalée de nos jours ; mais les sources de cette opulence incomparable ont tari l'une après l'autre. M. Dureau de la Malle fait remarquer qu'à partir de la mort d'Alexandre, les sables aurifères de l'Asie et de la Grèce s'épuisèrent ; ceux de la Gaule et de l'Espagne semblent avoir été abandonnés à la chute de l'empire romain. L'or a disparu depuis longtemps de la surface des contrées les plus anciennement habitées ; il ne peut plus venir, en quantités appréciables et qui affectent la circulation, que des régions qui restent à peu près fermées au commerce européen ou qui ont été découvertes dans les temps modernes.

En remontant le cours de l'histoire, on reconnaît que l'emploi de l'argent sous la forme de monnaie ne date pas d'une époque aussi reculée, et que ce sont les peuples industrieux et commerçants, et non les peuples conquérants, qui l'ont introduit dans les échanges. Il suffit de citer les Phéniciens, ces planteurs de colonies, les Athéniens et les Carthaginois. À la découverte de l'Amérique, on n'a trouvé de la monnaie d'argent que chez les deux nations qui formaient seules des sociétés policées, c'est-à-dire au Pérou et au Mexique. D'ailleurs, si l'argent vient plus tard que l'or prendre place dans la circulation, il s'y maintient avec plus de constance et de régularité. Les mines dont on l'extrait, pénétrant et se ramifiant dans les entrailles du sol, sont à peu près inépuisables. Il en résulte que la production de l'argent continue souvent lorsque celle de l'or est à son terme ; de là les variations que présente dans le passé le rapport des métaux précieux.

Les savantes recherches de Boeckh, de M. Letronne, de M. de Humboldt, de Jacob et de M. Dureau de la Malle ont jeté un grand jour sur les causes et sur l'importance de ces oscillations monétaires. On s'accorde à reconnaître que, dans l'origine, la valeur de l'argent, chez quelques peuples, a égalé et surpassé même celle de l'or. Les lois de Manou attribuent à l'or deux fois et demie le prix de l'argent. M. Dureau de la Malle pense qu'entre le XVe et le VIe siècle avant notre ère, partout ailleurs que dans l'Inde, le rapport a dû être de 6 ou de 8 à 1, comme il était en Chine et au Japon à la fin du dernier siècle ; on le trouve de 10 à 1 en Grèce, du temps de Xénophon, trois cent cinquante ans avant Jésus-Christ. Cent ans plus tard, le traité de Rome avec l'Étolie consacre une proportion semblable.

Aujourd'hui, la découverte et l'exploitation de nouveaux gîtes métalliques sont les seules causes qui puissent influer d'une manière durable sur la valeur relative des métaux précieux. Dans l'antiquité, la conquête, qui enrichissait une nation des dépouilles d'une autre, ou le pillage de ces grands réservoirs monétaires que l'on appelait le trésor public, jetant soudainement dans la circulation des masses d'or et d'argent, ne pouvait manquer de déprécier, selon les circonstances, soit l'un ou l'autre de ces métaux, soit tous les deux ensemble. C'est ainsi que les conquêtes d'Alexandre, ouvrant les portes de l'Orient, inondèrent le monde grec de richesses qui s'avilirent par leur abondance et s'affaissèrent par leur propre poids. Après la prise de Syracuse par les Romains, l'argent faisant la base des trésors qu'ils avaient ravis, la valeur de ce métal tomba tout d'un coup, au point que dix-sept livres d'argent se donnaient pour une livre d'or. Un peu plus tard, le rapport était d'à peu près 12 à 1, lorsque César, mettant au pillage les 2 milliards que renfermait le trésor de la république et dans lesquels l'or dominait, en réduisit tellement la valeur, que la proportion ne fut plus que d'environ 9 à 1. Sous les empereurs romains, la production de l'or ne tarda pas à se ralentir ; les progrès de la mécanique permirent au contraire d'exploiter avec un avantage croissant les riches filons des mines d'argent de l'Asie, de la Thrace et de l'Espagne. Le rapport des deux métaux dut changer. Il était de 18 à 1 du temps de Théodose-le-Jeune, quatre cent douze ans après la naissance du Christ.

Au moment où commence la décadence de l'empire romain, dans le cours du IVe siècle, la valeur des métaux précieux était, à peu de chose près, ce qu'elle est de nos jours. L'invasion des barbares, en dispersant et en dissipant les trésors accumulés de l'Occident, détruisit pour un temps l'industrie qui les renouvelle. Le signe monétaire, par l'effet de sa rareté, acquit une singulière puissance. Le prix de toutes choses baissa, ou, ce qui est l'autre face du même résultat, la valeur de l'argent s'accrut au point de présenter les phénomènes qui marquent l'enfance des sociétés. Non-seulement la puissance du numéraire et des métaux précieux dut augmenter dans cette nuit longtemps stérile du moyen-âge, mais le rapport que les progrès du travail industriel avaient établi entre l'or et l'argent ne tarda pas à s'altérer. L'or se conservait mieux à cause de la supériorité de sa valeur et résistait davantage an frai ; en outre il restait pour alimenter la circulation de ce métal le lavage des sables aurifères, industrie assortie aux connaissances et aux goûts d'un inonde barbare. L'exploitation des mines au contraire, étant un travail scientifique et l'industrie des peuples civilisés, dut être interrompue ou languir dans une époque de spoliation sans limite et de guerre sans lin. De là, comme on le suppose, la rareté absolue et relative de l'argent. Le rapport de l'or à l'argent se maintient entre 11 et 12 depuis le IXe jusque vers le milieu du XVIe siècle. Il fallut l'excessive et soudaine abondance qu'amena l'exploitation des mines de Potosi au Pérou et de Zacatecas au Mexique, pour faire descendre la proportion à 14 et à 15, taux moyen qui régna en Europe jusqu'à la fin du siècle dernier.

Partie II

In changement dans la production relative des métaux précieux n'en altère pas nécessairement la valeur monétaire. Pour que le rapport de l'or à l'argent se modifie avec les quantités extraites annuellement de la terre, il faut que cette perturbation soit profonde et qu'elle ait les caractères de la durée. Encore doit-on placer en regard soit de l'abondance, soit de la rareté qui se manifeste, les causes qui peuvent neutraliser ou aggraver ces résultats, comme les dépenses d'exploitation, les besoins si variés de la consommation et le frai plus ou moins rapide des monnaies.

M. de Humboldt l'ait remarquer[1] que, pendant les dix années qui s'écoulèrent de 1817 à 1827, on convertit en monnaie, dans la Grande-Bretagne, plus de 1,294,000 marcs d'or, soit plus d'un milliard de francs et plus de cent millions par année,[2] sans que l'influence d'achats aussi considérables s'exerçât d'une façon perturbatrice sur le rapport de l'or à l'argent. La proportion, qui était de 1 : 14,97, ne monta pas en effet au-delà de 1 : 15,60, ce qui représente une hausse de 4 2/10es pour 100. À ce prix, l'Angleterre, qui n'avait plus depuis vingt ans qu'une monnaie de papier, put rétablir la circulation métallique, et fit refluer vers ses comptoirs les pièces et les lingots d'or dispersés sur tous les marchés de l'Europe. Pendant ces dix années, elle absorba, ou peu s'en fallut, des quantités qui équivalaient à la production entière du globe, et bien certainement plus que l'importation ne versa d'or

1 *Mémoire sur la production de l'or et de l'argent*, 1838.

2 Suivant M. Jacob, l'or frappé à la monnaie de Londres de 1815 au 31 décembre 1829 s'est élevé à la somme de 44,224,490 livres sterling, soit, au change moyen de 25 fr. 20 cent., à 1,114,487,148 fr., ce qui représente 92,871,429 fr. par année.

Léon Faucher

dans l'intervalle sur les grandes places commerçantes du monde civilisé. Il n'entre pas dans notre sujet d'examiner quelles difficultés et quelles souffrances l'Angleterre eut à traverser pour opérer ce revirement monétaire ; mais le niveau une fois rétabli, et l'empire britannique s'étant harmonisé avec le reste de l'Europe, on peut trouver merveilleux qu'il ne lui en ait coûté qu'une prime de 4 pour 100 pour s'approprier une quantité d'or probablement égale à la moitié ou au tiers de celle que possédait alors le continent européen. L'étonnement redoublera, si l'on vient à se rappeler que la monnaie de Londres, qui n'avait pas frappé un seul souverain en 1814, en 1815 et en 1816, en émit tout à coup en 1825 pour 9,520,758 livres sterling (environ 240 millions de francs), qu'il fallut par conséquent demander en quelques mois au commerce. Les commotions politiques amènent de bien autres variations dans le prix des métaux précieux. On sait que l'or monta de 10 pour 100 à Londres en 1815, à la nouvelle du débarquement de Napoléon.

Pour expliquer comment cette rafle d'or, exécutée par la Grande-Bretagne avec autant de persévérance que de vigueur, ne détermina pas une crise générale, on a beaucoup dit, et non sans raison, que la masse des métaux précieux qui existent dans la circulation rendait aujourd'hui moins sensibles les oscillations qui venaient à se déclarer dans la production et dans l'approvisionnement monétaires. On a rappelé que, si les valeurs métalliques avaient été fortement dépréciées par l'importation qui a suivi la découverte de l'Amérique, cela tenait à l'état de l'Europe, épuisée alors d'or et d'argent. La différence qui' l'on signale entre les deux époques est réelle ; mais elle ne suffirait pas pour rendre compte de la facilité avec laquelle la circulation des monnaies peut s'accroître aujourd'hui, sans que la valeur de l'or et de l'argent fléchisse. Il convient d'ajouter que ce mouvement, qui porte la vie dans les veines ainsi que dans les artères du commerce, n'est pas alimenté uniquement, comme dans les temps anciens et comme au moyen-âge, par les métaux précieux. La monnaie métallique n'en forme qu'une faible partie, si l'on considère le rôle que les billets de banque, les lettres de change, les traites et les billets à ordre l'emplissent dans les échanges. Ainsi, prise dans son ensemble, la circulation est quelque chose d'infini ; elle semble résister au calcul, et l'on dirait que les accroissements dans l'importation de l'or et de l'argent n'y doivent pas désormais produire beaucoup plus d'effet que n'en exercent sur le niveau de la mer les débordements accidentels ou périodiques des fleuves.

En même temps que la dépréciation de l'or et de l'argent, sous une forme générale, devenait moins probable, la facilité naissante des communications et la solidarité des peuples en matière de crédit rendaient de plus en plus difficile une altération purement locale dans la puissance de la monnaie. Lorsque les métaux précieux surabondent dans une contrée, elle en a bientôt écoulé le trop plein sur les pays limitrophes. Qu'une disette soudaine ou toute autre cause en ait fait sortir les espèces, et la prime qu'y obtiendront les métaux précieux ne tardera pas à les ramener. Les frais de transport et la prime d'assurance de l'or limitent le taux du change, et ces frais se simplifient chaque jour davantage, grâce aux chemins de fer ainsi qu'à la navigation à la vapeur.

Avant les progrès merveilleux qui se sont accomplis dans le domaine de l'industrie depuis le commencement du XIXe siècle, on a pu remarquer, à diverses époques, des changements très sensibles dans la production relative des métaux précieux, qui n'entraînaient pas une altération correspondante dans le rapport de l'or à l'argent. À la fin du XVe siècle, il est vrai, l'Amérique ne fournissant encore que de l'or et ce métal s'accumulant en Espagne, la reine Isabelle de Castille dut modifier le rapport légal des deux étalons monétaires. Après la première moitié du XVIe siècle, l'or ayant cessé de dominer et l'argent étant importé en grande abondance, la valeur du métal inférieur subit une dépréciation que les gouvernements, cédant à la force des choses, finirent par consacrer ; mais, à l'exception de ces deux changements dans les lois monétaires, l'un purement local et l'autre européen, on voit plus tard la production de chacun des métaux précieux s'étendre et se restreindre alternativement, sans que le rapport de l'un à l'autre en reçoive une altération qui éveille ni qui appelle la sollicitude des pouvoirs publics.

« A partir de 1645 jusqu'au commencement du XVIIIe siècle, dit M. Michel Chevalier,[1] l'argent prit le dessus à un degré remarquable : c'était le bon temps des mines du Potosi, et ainsi le poids de l'argent produit dépassait celui de l'or dans la proportion de 60 à 1 ; puis,

1 *Des Mines d'argent et d'or du Nouveau-Monde*, n° de la *Revue des Deux Mondes* du 15 octobre 1846 et du 1er avril 1847.

Léon Faucher

sans que les arrivages de l'argent diminuassent, vinrent les beaux jours des mines d'or du Brésil. À la même époque, il sortait des trésors des gîtes aurifères du Choco, d'Antioquia, de Popayou. Le monde commercial reçut de l'Amérique 1 kilogramme d'or pour 30 kilogrammes d'argent. On passa ainsi le milieu du XVIIe siècle ; alors les mines d'argent du Mexique se mirent à étaler leur magnificence, et le rapport fut d'environ 40 à 1. Cependant le Brésil vint à baisser, pendant que les mines d'argent du Mexique élevaient leur production, et ainsi, au commencement du siècle, l'argent excédait cinquante-sept fois la quantité d'or annuellement extraite. Actuellement (1846) l'argent prédomine moins : nous sommes même revenus presque au rapport de 40 à 1. »

M. de Humboldt présente des calculs qui diffèrent légèrement de ceux de M. Michel Chevalier. Ce savant pense que l'importation de l'or américain fut, quant au poids, à celle de l'argent dans le rapport de 1 à 63 jusqu'aux premières années du XVIIIe siècle. Du reste, que l'on adopte l'une ou l'autre hypothèse, il n'en sera pas moins vrai que le rapport de poids entre les deux métaux a pu baisser de moitié dans le passage du XVIIe au XVIIIe siècle, non-seulement sans que le rapport de valeur baissât dans la même proportion, mais même sans qu'il fût sérieusement altéré. Ce résultat ne tend-il pas à prouver que l'or était particulièrement demandé, et que l'accroissement de la production ne fit que combler au XVIIIe siècle les vides que les progrès de la richesse et du luxe avaient opérés dans l'approvisionnement ?

Dans les temps anciens, le rapport de valeur entre les métaux précieux a dû être déterminé d'une manière à peu près absolue par le rapport de poids qui se manifestait dans les quantités extraites des mines et apportées sur le marché. Une livre d'or a valu tantôt huit et tantôt dix livres d'argent, selon que le poids de l'argent mis en vente excédait huit ou dix fois celui de l'or. La simplicité des intérêts commerciaux, dans une société qui ne connaissait encore ni le luxe, ni les arts, ni l'industrie, ne laissait place à aucun autre motif de rechercher l'or ou l'argent, pour en faire une monnaie, que leur abondance ou leur rareté relative ; mais dès que la guerre a cessé d'être la vocation principale des hommes, et que le travail a commencé à être en honneur, on est sorti de cette ère patriarcale de la monnaie. Les besoins de la société ont perdu leur simplicité primitive. Le rapport de l'offre à la demande, pour l'or comme pour l'argent, n'a plus été déterminé exclusivement par la proportion des quantités extraites ou subsistant dans l'approvisionnement métallique. D'autres leviers de hausse ou de baisse ont commencé à agir concurremment sur les marchés.

Quand les métaux précieux étaient à peu près absorbés par les besoins de la circulation monétaire, leur valeur commerciale n'avait pas d'autre élément que leur utilité comme monnaie. La valeur monétaire de l'or et de l'argent dominait et déterminait leur valeur commerciale. Aujourd'hui c'est le contraire qui a lieu. Plus la civilisation se développe avec les exigences de l'industrie, des arts et du luxe, et plus les besoins de la consommation deviennent, en ce qui concerne les métaux par excellence, supérieurs à ceux de la circulation. M. Jacob, dont l'ouvrage sur les métaux précieux a paru en 1851, estimait à près de 149 millions de francs les matières vieilles ou neuves qui étaient alors converties en bijoux ou en vaisselle d'or et d'argent en Europe et en Amérique. Depuis vingt ans, le luxe a fait des progrès extraordinaires parmi les peuples industrieux et commerçants. La richesse mobilière a pris des proportions inouïes, particulièrement en France et en Angleterre. Quel ménage, si mince que soit son aisance, n'a pas une argenterie ? La dorure n'est plus réservée à la décoration des temples et des palais ; elle resplendit dans les ameublements et sur les plus modestes lambris. Que sera-ce, si l'on parvient à donner quelque durée à la mode qui dore les vêtements des femmes et qui multiplie les uniformes somptueux ?

Au total, la valeur commerciale de l'or et de l'argent semble dominer aujourd'hui et régler leur valeur monétaire : c'est le principe nouveau, le point qu'il ne faut pas perdre de vue, quand on veut apprécier l'influence qu'un accroissement ou un ralentissement de la production métallique peut exercer sur le prix comme sur le rapport des métaux précieux.

En négligeant les variations qui ont pu se déclarer, d'un siècle à l'autre, dans la production ainsi que dans l'importation de l'or et de l'argent, pour récapituler les quantités que l'Amérique a versées sur les marchés européens, en trois cent dix-huit années, depuis la découverte d'Hispaniola jusqu'à la révolution mexicaine, M. de Humboldt a évalué ces trésors, pour l'or à 2,381,600 kilogrammes,

Léon Faucher

et pour l'argent à 110,362,222 kilogrammes. C'est une valeur totale d'environ 32 milliards de francs.[1] Le poids de l'or importé représente à peu près un quarante-septième de celui de l'argent. Il ne paraît pas probable que, durant ces trois siècles, la production de l'or dans les autres parties du monde ait modifié cette proportion d'une manière sensible. Si l'on admet qu'au moment où la révolution mexicaine a ralenti l'exploitation des mines d'argent, les monnaies répandues en Europe représentaient une valeur de 8 milliards de francs, dont 6 milliards en argent et 2 milliards en or, le rapport de poids sera encore de 47 à 1, et cependant le rapport monétaire, il y a trente ans, variait en Europe entre 1 : 14 5/10 et 1 : 15 75/100. Dans la valeur des métaux précieux, l'écart était ainsi trois fois moins considérable que dans leur poids.

Rien n'est plus difficile, en matière de monnaies, que de présenter des données numériques qui sortent du domaine conjectural et qui approchent de la certitude. Il semble que, l'or el l'argent servant de dénominateurs à toutes les valeurs de ce monde, on devrait tenir note avec le plus grand soin de tous les phénomènes qui en marquent la production et la circulation. Ce serait là sans contredit la statistique par excellence. Qu'y a-t-il, en effet, de plus nécessaire et de plus précieux dans ce courant de la richesse que d'établir une sorte d'échelle métrique qui en indique la rapidité et qui en jauge la profondeur ?

Des causes diverses n'ont pas permis de le faire jusqu'à présent d'une manière complète. D'abord, les pays producteurs d'or et d'argent sont généralement dans un état de civilisation peu avancée ; ils ne savent pas mieux appliquer la comptabilité à la gestion de la fortune publique qu'employer les machines dans l'industrie. Alors même qu'on enregistre, comme au Mexique sous la domination espagnole, les espèces frappées dans les hôtels des monnaies, ou que l'on mesure les trésors extraits des mines d'après l'impôt proportionnel que perçoit l'état, par le *quint*, il faut porter encore en ligne décompte les quantités qui échappent au contrôle du fisc, et qui prennent, pour se répandre à l'intérieur ou pour

---

1 Il ne faut pas oublier que ces chiffres reposent en grande partie sur des données conjecturales. Mendoça et Ustaritz avaient évalué à près de 37 milliards l'or et l'argent importés.en Espagne jusqu'à l'année 1724, soit à 283 millions de francs par année.

sortir du pays, la voie de la contrebande.

Quelle est la somme de métaux précieux que rend à un moment donné dans l'histoire chacun des pays producteurs ? Quelle est la proportion de ces produits qui, livrée à l'exportation, vient concourir à déterminer le prix de l'or et de l'argent sur les marchés régulateurs de l'Europe ? Comment se forment les courants commerciaux qui, tantôt dirigés de l'Orient vers l'Occident et tantôt de l'Occident vers l'Orient, distribuent la richesse métallique entre les peuples ? Tous ces problèmes que se pose la science pour éclairer sa marche resteront probablement sans solution en ce qui touche le passé. L'examen en devient plus facile quand il porte sur les intérêts et sur les faits contemporains, mais c'est à la condition de faire encore une très large part à l'hypothèse.

Au commencement du siècle, suivant M. de Humboldt, l'or et l'argent importés chaque année en Europe étaient dans le rapport de 1 à 55, soit de 15,800 kilogrammes d'or contre 869,960 kilogrammes d'argent.[1] M. Michel Chevalier, se plaçant non plus au point de vue de l'importation, mais à celui de la production, l'évalue à 23,700 kilogrammes d'or contre 900,000 kilogrammes d'argent,[2] ce qui donne la proportion de 1 à 38 ; mais l'or de l'Afrique et de l'Asie méridionale, qui est compris dans cette évaluation, ne pénétrait sur le marché européen qu'en quantités infinitésimales. Ces importations accidentelles et peu considérables ne semblent avoir exercé aucune influence appréciable sur le rapport commercial des métaux.

De 1810 à 1830, si les calculs de M. Jacob sont exacts, la production de l'Amérique aurait subi une diminution d'environ moitié. L'Europe n'aurait plus reçu annuellement de cette source que 125 millions de francs. Comme la réduction a porté principalement sur le produit des gîtes argentifères, c'est-à-dire des mines qui exigent dans l'exploitation le concours du capital et du travail, on doit présumer que, tout au moins dans la première partie de cette période vicennale, la proportion de l'or importé dut s'accroître par rapport à l'argent ; mais nous n'avons aucun moyen de traduire en chiffres précis ni même conjecturaux la différence que semble autoriser l'étude des faits par voie d'induction générale.

1 54,415,400 fr. en or et 193,324,444 fr. en argent, ensemble 247,739,644 fr.

2 81,634,000 fr. en or et 199,998,000 en argent, ensemble 281,632,000 fr.

Léon Faucher

En 1847, lorsque l'exploitation des gîtes aurifères de l'Oural et de l'Altaï était à son apogée, M. Michel Chevalier évaluait la production annuelle de l'or dans le monde à 63,250 kilogrammes et celle de l'argent à 875,000 kilogrammes.[1] C'était pour l'argent 25,000 kilogrammes de moins et pour l'or 30,000 kilogrammes de plus qu'au commencement du siècle. À ce compte, dans les quantités extraites, on aurait vu figurer 1 kilogramme d'or contre 14 kilogrammes d'argent.[2] Le rendement des gîtes aurifères paraît avoir été estimé ici bien au-delà de la production effective. Je trouve dans un tableau publié par le Times en mai 1852[3] des calculs qui semblent reposer, en ce qui concerne l'or, sur des données plus exactes et qui ramènent la production de ce métal à 42,800 kilog. de fin, soit à 147,400,000 fr.

Voilà un résultat assurément déjà fort remarquable. Le XVIIe siècle produisait 1 livre d'or contre 60 livres d'argent ; au XVIIIe siècle, la proportion était de 1 à 30 ; au commencement du XIXe siècle, l'argent abondait de nouveau et présentait le rapport de 50 à 1 ; vers l'année 1847, l'or dominait encore une fois, et les deux métaux semblaient, quant aux quantités produites, donner le rapport de 1 à 20. Le développement des exploitations russes, qui a modifié si profondément le rapport de poids entre les deux métaux, n'a pas sensiblement altéré le rapport de valeur. En sera-t-il de même après les résultats bien autrement extraordinaires que présentent la Californie et l'Australie ? Pour résoudre cette question, il faut d'abord examiner et préciser l'importance actuelle de la production de l'or et de l'argent dans le monde.

Partie III

Avant d'entreprendre cette recherche, il peut être à propos de s'arrêter sur un épisode récent de l'histoire monétaire, qui a

---

1 Soit, 217,800,000 francs pour l'or et 194,417,000 francs pour l'argent, ensemble 412,277,000 francs.

2 Dans son ouvrage sur la monnaie publié en 1850, M. Chevalier évalue la production, au moment où les gîtes aurifères de la Californie furent découverts, à 71,850 kilogrammes, soit 247 millions et demi de francs pour l'or, et à 975,470 kilogrammes, soit 216 millions de francs pour l'argent.

3 Par M. Birkmyre, pour l'année 1846.

donné lieu à des préoccupations très vives, niais qui n'a pas encore été expliqué. Je veux parler de la baisse de l'or et de la hausse correspondante de l'argent en Europe pendant les derniers mois de 1850 et les premiers mois de 1851.

La Russie, en effet, avait alors un peu moins d'or à échanger contre les produits de l'Occident, car depuis 1847 l'exploitation des sables de l'Altaï était en voie de décroissance. En tout cas, le gouvernement ne se souciait pas de faire ou de laisser entrer l'or dans les échanges, car en 1848 et en 1849 il en avait prohibé l'exportation. En 1850, l'état du change ne le permettait pas, et l'on sait qu'une partie de l'emprunt à 4 et demi pour 100 contracté à Londres à cette époque par le cabinet de Saint-Pétersbourg fut soldée par des envois directs d'argent et d'or empruntés aux réserves de métaux précieux qui se concentrent habituellement sur le marché britannique.

Sans doute, malgré la prohibition, l'omisse s'est infiltré en Europe. On calcule qu'entre 1849 et les premiers mois de 1850, les grandes places commerçantes de l'Occident en ont reçu pour 60 à 70 millions de francs ; mais ce n'était pas même la restitution des sommes considérables que les demandes de grains avaient fait importer à Odessa et à Riga pendant la disette de 1846-1847. Il n'en résultait pas un accroissement réel dans l'approvisionnement métallique de l'Europe occidentale.

On doit appliquer les mêmes observations à l'or qui a pu être importé d'Amérique en 1840 et en 18o0. Il n'a fait que remplacer dans la circulation les espèces qui avaient passé l'Atlantique deux ans plus tôt pour solder le froment, le maïs et les viandes salées des États-Unis. On en trouve la preuve écrite dans les relevés du monnayage américain. La monnaie des États-Unis, qui, depuis l'année 1834, c'est-à-dire depuis l'exploitation des gisements aurifères de la Caroline, avait frappé des espèces d'or pour une valeur moyenne de 2 millions et demi de dollars par année (plus de 13 millions de francs), en a livré à la circulation, en 1847, une somme de 20 millions de dollars (environ 104 millions de francs). À ce moment, les gîtes de la Californie n'étaient ni exploités ni connus : ce ne fut qu'en 1848 que la découverte de ces riches *placers* alluma la fièvre de l'or en Amérique d'abord, et plus tard en Europe.

L'or californien, avant de se répandre sur l'ancien monde, fait

Léon Faucher

étape aux États-Unis. Nous le recevons, sous la forme d'aigles et de doubles aigles, frappé à l'effigie de cette république conquérante. En 1848, l'or monnayé aux États-Unis ne s'éleva pas à 4 millions de dollars ; il n'excéda pas 9 millions de dollars en 1849. Avec ces faibles émissions, l'exportation dut être à peu près nulle. En 1850, le courant californien commença à couler à pleins bords, et la monnaie des États-Unis, qui avait reçu au change, en poudre d'or ou en lingots, une valeur de 40 millions de dollars, en monnaya pour 32 millions (environ 171 millions de francs). En supposant que la plus grande partie de ces espèces aient été exportées vers les marchés européens, un pareil supplément n'eût l'ait, comme on voit, que rétablir l'équilibre de la circulation si profondément et si violemment troublé par les conséquences désastreuses de la récolte de 1846. Nous avions troqué notre or contre des grains ; on nous le rendait contre des vins, des soieries, des modes et des articles de Paris. Ce n'est donc point à un excès d'importation qu'il faut attribuer la perturbation monétaire de 1850. Les richesses de la Sibérie et de la Californie n'ont pu agir à cette époque que sur les imaginations ; on a pu s'en effrayer en perspective, mais on n'en a pas ressenti le contact. La cause réelle se trouve dans les mesures que prirent alors témérairement et à la hâte plusieurs gouvernements. Pour s'assurer l'avenir, ils troublèrent le présent, et, voulant se mettre à l'abri de la dépréciation de l'or, ils la produisirent.

La crise de 1850, envisagée par ce côté, s'explique d'elle-même. D'une part, l'argent, que la circulation puisait annuellement sur le marché, lui manqua tout à coup pour recruter ses forces ; de l'autre, l'or, que plusieurs gouvernements excluaient de la circulation, reflua sur les contrées qui admettaient encore ce métal comme valeur monétaire, et y amena un encombrement momentané. De là cette baisse de 4 pour 100 dans le prix de l'or et cette hausse de 4 pour 100 dans le prix de l'argent, qui représentaient ensemble un écart de 8 pour 100 entre les deux métaux par excellence.

L'explication que nous venons d'indiquer gagne en clarté et en précision quand on pénètre dans l'analyse des faits. Voyons d'abord ceux qui touchent à la rareté de l'argent. L'Angleterre, qui est le principal marché des métaux précieux en Europe, avait vu en 1850 l'importation se réduire d'environ 27 millions de francs. Ce déficit avait porté principalement sur l'argent. Les remises de l'Inde, qui représentaient annuellement près île 20 millions de francs, avaient presque complètement manqué ; celles de la Turquie et de l'Espagne avaient diminué, quoique dans une proportion plus faible. En même temps, il avait fallu envoyer un million sterling dans les Indes. Les remises faites à Saint-Pétersbourg par la maison Baring avaient enlevé 8 à 10 millions de francs en argent. L'Allemagne et la Hollande en avaient demandé plus qu'à l'ordinaire. La société maritime de Berlin avait importé de l'argent pour une valeur de 3 à 4 millions de thalers, en sorte que l'importation de ce métal en Angleterre ayant diminué de 1 million sterling en 1850 et l'exportation s'étant accrue probablement du double de cette somme, le niveau du réservoir métallique dut s'abaisser d'environ 75 millions de francs. Ajoutez que deux pays producteurs, l'Espagne et la Russie, prohibant l'exportation de l'argent, les échanges ne pouvaient plus s'opérer que très difficilement sous cette forme du numéraire. On conçoit donc que, partout où les lois monétaires n'étaient pas modifiées, la prime ait passé de l'or à l'argent.

Voici maintenant les causes de l'abondance temporaire et de la dépréciation de l'or, principalement sur le marché de Paris. Il n'en faut pas accuser la Californie, dont les envois n'ont commencé à alimenter notre monnaie que vers les derniers jours de décembre 1850. L'Angleterre elle-même n'avait reçu des États-Unis que de l'argent en 1850, et l'or qui était arrivé de la Californie par la voie directe de Panama ne figure cette année dans les importations britanniques que jusqu'à concurrence de 682,000 livres sterling (14,066,400 francs). La monnaie de Londres n'a frappé, en 1850, des espèces d'or que pour une valeur de 1,492,000 livres sterling (37,598,400 francs), ce qui exclut jusqu'à la possibilité d'une importation considérable.

Le marché de Paris a pu se trouver surchargé par les espèces que la démonétisation de l'or français en Espagne et en Portugal et de l'or tant indigène qu'étranger en Belgique a fait refluer sur notre territoire. Il convient d'ajouter que les Anglais importaient alors chez nous des sommes qui furent employées en achat d'actions de chemins de fer, et que l'on n'évalue pas à moins d'un million sterling ; mais la cause dominante de la dépréciation fut certainement la démonétisation de l'or en Hollande, car cette mesure eut pour effet d'annuler, comme valeur monétaire, et de rejeter d'un seul coup,

Léon Faucher

comme valeur purement commerciale, sur le marché des richesses métalliques qu'égale à peine aujourd'hui, dans toute l'expansion de sa fécondité, la production annuelle de la Californie.

Les pièces d'or frappées en Hollande de 1816 à 1847 représentaient. 172,583,955 florins, environ 362 millions de francs. En supposant que les deux tiers seulement de cette somme aient existé encore à l'état de monnaie en 1850, voilà 115 millions de florins (230 millions de francs) retirés tout à coup de la circulation et rejetés sur le marché : comment la valeur des métaux précieux n'en aurait-elle pas été affectée ? L'or démonétisé équivalait à deux fois la production annuelle du globe avant la découverte des gisements californiens. La monnaie de Paris à elle seule, qui n'avait frappé que 27 millions pendant le cours de l'année 1849, en frappait 85 millions en 1850 et 209 millions en 1851.

Heureusement la crise ne fut pas d'une longue durée. L'or monnayé en France s'écoula bientôt soit vers le Piémont pour solder les premiers versements de l'emprunt, soit vers le Milanais en paiement des soies achetées par les fabriques de Lyon et de Saint-Étienne. Le crédit est peu développé en Italie. Cette contrée n'a pas de billets de banque qui simplifient les comptes et qui prennent, dans les paiements de quelque valeur, la place des espèces. Elle ne saurait donc se passer de monnaie d'or.

Au total, les appréhensions du gouvernement hollandais se sont jusqu'à présent trouvées vaines, et le but qu'il se proposait n'a pas même été partiellement atteint. Sans doute, l'argent, érigé en étalon unique de la monnaie, abonde dans le pays au-delà du nécessaire ; mais il a fallu remplacer l'or par un papier-monnaie à basses coupures qui ne sortira plus de la circulation. On a maintenant des billets de 10 et de 5 florins (21 francs et 10 francs 50 centimes) que le gouvernement émet, et qui, lancés d'abord à titre transitoire, ne tarderont pas à devenir définitifs. La Hollande marche sur les traces de la Prusse et de l'Autriche. Le gouvernement hollandais avait supposé que les pièces d'or, en perdant le caractère de monnaie légale, resteraient dans la circulation comme monnaie de commerce et que chacun s'empresserait de les accepter à prix débattu. C'était méconnaître la nature de la monnaie, qui n'entre comme signe et comme intermédiaire dans les échanges qu'à la condition de présenter une valeur certaine. Comme on aurait dû le prévoir, l'or a cessé de circuler en Hollande, et, à la place de l'or, on a le papier-monnaie. Il est douteux que la nation ait gagné au change.

Nous pensons avoir réduit à sa juste valeur la baisse épisodique de l'or en 1850 ; mais, depuis dix-huit mois, la production de ce mêlai a fait d'immenses progrès. La crise qui n'existait alors que dans les imaginations pourrait avoir pris pied et se montrer imminente dans les réalités : voilà ce qu'il importe d'examiner.

L'exploitation des gisements aurifères s'est principalement développée dans trois grandes régions : la chaîne de l'Oural et celle de l'Altaï ; la Californie avec ses ramifications de l'état de Sonora au sud, de l'Orégon au nord ; les contrées orientales et les districts méridionaux de l'Australie. Suivons-en les résultats par ordre de date.

Ce sont les lavages de la Russie qui ont fait sortir la production de l'or de l'état de langueur dans lequel elle était tombée à la fin du XVIIIe siècle. Les gisements de l'Oural, découverts les premiers, n'ont jamais donné une moisson très abondante. L'exploitation est à peu près impossible au-delà du 60° degré de latitude. En-deçà, et bien qu'on l'ait entamée sur une grande échelle, il y a plus d'un demi-siècle, elle reste à peu près stationnaire depuis quinze ans. Les résultats annuels, partagés presque également entre la couronne et les particuliers, n'excèdent guère 5,000 kilogrammes.

Il en est autrement des gisements aurifères de l'Altaï. Malgré la rigueur d'un climat inhospitalier et les difficultés que l'on rencontre pour la main-d'œuvre dans les rangs d'une population clairsemée, l'exploitation y a pris des développements 1res rapides. Commencée en 1828, elle ne rendait huit ans après que 1,722 kilogrammes ; mais, à partir de cette époque, elle semble augmenter dans une proportion géométrique : on la voit s'élever à 4,000 kilogrammes en 1840. à 10,000 kilogrammes en 1842 et dépasser 20,000 kilogrammes eu 1847.

L'année 1847 est le point culminant de la production de l'or en Russie. L'administration des mines accuse un chiffre de 1,741 pouds, soit 28,521 kilogrammes pour les résultats combinés de l'Oural et de l'Altaï. En admettant qu'un cinquième des produits s'écoule en fraude de l'impôt et échappe au contrôle de la couronne,

Léon Faucher

la récolte aurifère de 1847 aurait représenté une valeur d'au moins 110 millions de francs. Depuis cette époque, la décroissance est manifeste et constante. Les chiffres officiels ne donnent plus que 1,720 pouds (28,252 kilogrammes) on 1848, 1,592 pouds (26,077 kilogrammes) en 1849, 1,485 pouds (24,324 kilogrammes) on 1850, et 1,432 pouds, valeur 78 millions de francs, en 1851. On remarquera que la réduction porte entièrement sur la richesse de la Sibérie tant orientale qu'occidentale. Non-seulement l'activité des extractions n'a pas diminué dans l'Oural, mais elle s'est même légèrement accrue : le produit de 1819 s'élève à 342 pouds (5,602 kilogrammes), chiffre supérieur de 244 kilogrammes à celui de 1845.

La décroissance de la production paraît avoir pour cause principale l'aggravation de l'impôt. L'exploitation dos districts aurifères de la Sibérie est partagée entre les particuliers et la couronne, qui, en se réservant le versant occidental de la chaîne, a livré le versant oriental aux efforts de l'industrie. Par le fait, le partage a tourné au détriment du trésor dans une proportion vraiment extraordinaire, car, tandis que les deux cinquièmes des produits dans les lavages de l'Oural proviennent des régions réservées à l'état, les districts réservés dans l'Altaï ne donnent que 5 ou 6 pour 100 de la production. Le gouvernement russe a cherché à rattraper par l'impôt ce qui lui échappait par l'extraction ou par le lavage. Il ne s'était attribué d'abord que la dîme du produit net ; mais la taxe, élevée bientôt à 15 pour 100, a été remaniée et aggravée depuis quelques années. Le nouvel impôt ne s'applique qu'aux exploitations de la Sibérie orientale et occidentale. C'est une taxe progressive qui comprend dix classes, de manière à prélever 5 pour 100 du produit brut sur les exploitations qui extraient de 1 à 2 pouds d'or, et 32 pour 100 sur celles qui extraient 50 pouds ou près de 820 kilogrammes par année, le tout sans préjudice de l'impôt dit *minier*, qui est aussi progressif, et qui varie, selon les classes, de 4 a 10 roubles par livre d'or.

Cet impôt excessif peut avoir agi de deux manières : il en est résulté soit un encouragement pour la fraude, soit un découragement pour la production. À la distance où nous sommes de la Sibérie, et lorsqu'il s'agit de régions où les rayons de la publicité pénètrent encore moins que la chaleur du soleil, il y aurait de la témérité à choisir entre deux explications également probables ; mais, que l'impôt ait ralenti le courant ou qu'il l'ait simplement détourné, la diminution des résultats officiellement constatés est un fait acquis. Cette décroissance a été d'un septième en trois années, ou d'environ 4,000 kilogrammes.

L'exploitation des terrains aurifères n'a pas en Sibérie le caractère démocratique qui distingue de nos jours le régime des extractions et des lavages dans les *placers* de la Californie et de l'Australie. Là, le premier manœuvre venu, pourvu qu'il soit muni d'une pioche, d'une sébille ou bâtée, d'un berceau et d'une provision de vivres, peut, sans autre capital, planter sa tente sur quelques mètres carrés de terrain et fouiller le sol jusqu'à ce qu'il ait trouvé fortune. Moyennant une patente, qui lui coûte 60 shillings en Australie, et en payant, en Californie, un droit de 20 dollars par année, il se place partout où la chance lui paraît favorable. Ce n'est pas l'état qui limite le terrain qu'il occupe, c'est la république elle-même des mineurs, réunis le long d'un ruisseau ou au pied d'une colline, qui ne permet à aucun membre de cette communauté improvisée et accidentelle de s'approprier un espace plus étendu que celui que peut embrasser le travail de ses mains. Le mineur, ne possédant rien et ne risquant aucune mise de fonds, est dispensé de faire un calcul de profits et de pertes. Si le travail auquel il se livre ne répond pas à ses espérances, il change de lieu et souvent d'occupation. Dans tous les cas, l'impôt, ne portant pas sur le capital et demeurant très modéré, se paie aisément : quelques journées de travail en font l'affaire ; le reste de l'année avec ses bonnes et ses mauvaises chances appartient en propre à l'ouvrier.

Il n'en est pas ainsi dans les régions de l'Altaï, où les formes aristocratiques de la grande industrie, soit par la volonté de l'état, soit par le fait des circonstances, ont prévalu dès les premiers pas de l'exploitation. Aux termes des règlements impériaux, les concessions ne sont obtenues qu'à la suite d'une demande expresse et pour un terme de douze années. Le lot assigné à chaque particulier n'excède jamais une largeur de 100 sagènes (environ 250 mètres), sur une longueur de 5 werstes au maximum, soit de 5,335 mètres. Cependant le même entrepreneur peut posséder plusieurs lots, pourvu qu'une distance de 3 werstes au moins les sépare. Ces entrepreneurs engagent un certain nombre d'ouvriers, auxquels ils fournissent les machines ainsi que les outils, qu'ils nourrissent et qui reçoivent en outre des salaires très élevés. Toutes ces obligations entraînent l'avance d'un capital considérable, et lorsqu'à la chance d'une production peu abondante ou quelquefois nulle vient s'ajouter la perspective d'un prélèvement exorbitant au profit de l'état sur le produit brut, doit-on s'étonner que les membres de cette féodalité improvisée pour un temps sur les placers de Sibérie aient jugé prudent de restreindre ou de dissimuler l'étendue de leurs entreprises ?

On prétend qu'en exagérant l'impôt le gouvernement russe s'est proposé beaucoup moins d'entrer plus complètement en partage des bénéfices que d'arrêter ou de gêner le développement d'une industrie qui tend à démoraliser la population. S'il faut rapporter la mesure à des motifs d'un ordre aussi élevé, elle doit trouver grâce devant la critique. Quoi qu'il en soit, tant que le gouvernement jugera nécessaire de maintenir la surcharge récente de l'impôt, il ne serait pas raisonnable de supposer que la production de l'or se relèvera dans l'empire russe ; elle paraît provisoirement fixée à un chiffre qui, en tenant compte des quantités écoulées en fraude, doit être de 90 à 100 millions de francs par année.

Les Espagnols, ces infatigables chercheurs de trésors, qui mirent à découvert les richesses cachées dans les profondeurs de la Cordillère, ont possédé la Californie pendant plus de deux siècles. Dès 1662, Sébastien Viscaino, qui fonda Monterey, apprenait des Indiens dispersés dans le pays que cette belle contrée ; abondait en or et en argent. Cependant, au lieu d'y planter une colonie de mineurs pour fouiller le sol, les Espagnols y envoyèrent, et encore tardivement, des missionnaires qui, en proclamant l'Évangile chrétien, enseignèrent aux indigènes les premiers rudiments de l'état social et de l'agriculture. En 1846, il y avait à peine dix mille colons d'origine espagnole dans la Californie, lorsque quelques centaines d'aventuriers partis des États-Unis, à la suite du général Taylor, l'envahirent à main armée. Le gouvernement de l'Union lui-même, en exigeant la cession de cette province du Mexique, ne songeait qu'à un agrandissement de territoire. Ce qu'il lui fallait, c'étaient des ports sur l'Océan Pacifique et une colonie rivale de l'Orégon. Il ne se doutait guère qu'il allait trouver dans les vallées qui descendent de la Sierra-Nevada des mines d'or qui deviendraient le principal attrait de la colonisation, et dont les produits exubérants, dès la première moisson, se répandraient bientôt sur les marchés de l'Amérique ainsi que de l'Europe.

Le développement qu'a pris la population de la Californie est dû au succès vraiment fabuleux des premiers lavages. Les mineurs se fixaient d'abord naturellement sur les placers les plus riches ; ils défloraient les extractions plutôt qu'ils ne les épuisaient. C'était le temps où l'on découvrait fréquemment des pépites pesant plusieurs livres[1] ou plusieurs onces. Un manœuvre un peu expérimenté faisait fortune en quelques jours.

En juin 1848, M. Larkin, consul des États-Unis à Monterey avant la conquête, évaluait le travail du chercheur d'or en moyenne de 25 à 50 dollars (133 fr. 75 cent, à 267 fr. 50 cent.) par jour. Le colonel Mason, dans un rapport à la date du mois d'août, estime le produit de la journée, pour quatre mille mineurs européens ou indiens, de 30 à 40,000 dollars, ce qui donnerait pour chacun la moyenne de 10 dollars ou de 53 fr. 50 cent. Le capitaine Foison écrit un mois plus tard : « Je ne crois pas qu'il existe dans le monde de dépôts plus riches ; j'ai reconnu moi-même qu'un travailleur actif pouvait recueillir par jour pour une valeur de 25 à 40 dollars d'or, en estimant le métal à 16 dollars l'once. » M. Butler-King, dont le rapport est postérieur encore, n'admet plus qu'une moyenne de 16 dollars ou d'une once d'or par journée de travail.

Dans la seconde période de l'exploitation, lorsque les mineurs affluaient aux placers et se disputaient chaque pouce du sol aurifère, le rendement diminua dans une proportion très sensible. Un journal local et spécial, le *Placer Times* du 26 octobre 1850, résumant les renseignements qu'il avait reçus sur le travail de la saison et qui embrassaient les campements depuis la rivière de la Plume jusqu'à la rivière Cosummes, sur un espace d'environ cent milles occupé par soixante mille chercheurs d'or, estimait le produit moyen de la journée à 6 dollars sur la rivière de la Plume, à 4 dollars sur l'Yuba et sur la rivière de l'Ours, à 5 dollars sur la Fourche américaine. Les renseignements de nos consuls, au

---

1 La plus grosse pépite que l'on ait trouvée jusqu'à ce jour en Californie pesait 33 livres ; elle provenait des placers de la rivière Stanislas. Une pépite pesant près de 20 livres vient d'être trouvée près de San-Diego, à l'extrémité sud de la haute Californie.

Léon Faucher

commencement de 1850, indiquaient encore un résultat de une à deux onces par jour dans la vallée du Sacramento, et de une à quatre onces dans les régions plus récemment exploitées du San-Joaquin.

Cependant cette infériorité des résultats, qui se manifestait d'une année à l'autre, n'était pas sans compensations. Si le mineur gagnait moins, il ne dépensait pas autant. La hausse extravagante de toutes les denrées, des vêtements, des outils et des services, avait été ramenée à des limites plus accessibles à la bourse de chacun. On ne payait plus 1 dollar la livre de pain, 80 dollars une couverture, 50 dollars par jour l'usage d'une charrette attelée de deux bœufs, ni 5,000 dollars une barrique d'eau-de-vie. La main-d'œuvre ne coûtait plus 16 dollars par jour. L'Europe, les États-Unis et l'Océanie envoyaient en Californie des vaisseaux chargés de denrées et d'objets manufacturés dont la concurrence abaissait le prix ; on pratiquait des chemins entre le port de San-Francisco et les placers ; on jetait des ponts sur les rivières ; on établissait des dépôts de vivres et de marchandises à toutes les étapes. Les villes s'élevaient avec une rapidité qui tenait du prodige. À la fin de 1850, San-Francisco comptait cinquante mille habitants.

La production de l'or semble être parvenue maintenant en Californie à sa troisième période. Les mineurs ont acquis une certaine expérience ; leurs procédés d'exploitation sont moins grossiers, et ils se fixent davantage. Le désordre du travail est un peu moins grand ; aussi la moyenne des produits parait-elle se relever. Les nouvelles de San-Francisco, à la date du mois d'avril, indiquaient des placers dans la vallée du Sacramento où la journée représentait de 15 à 20 dollars, et d'autres à la frontière de l'Orégon où la moyenne flottait entre 5 et 10 dollars. Sur la frontière de Sonora, le dépouillement de l'argile aurifère rendait 7 ou 8 dollars par jour avec les procédés d'extraction les plus grossiers ; on s'accorde à reconnaître que huit heures du travail le plus opiniâtre doivent produire partout de 6 à 8 dollars pour peu que le placer soit riche, et comme un mineur peut vivre en dépensant 2 à 3 dollars par jour, il aurait la perspective à ce compte d'un bénéfice de 4 à 500 dollars par saison. Cependant, suivant les plus récentes informations, les placers commençaient à s'épuiser. Cent mille mineurs, fouillant pendant trois ans les sables d'alluvion déjà explorés avec fruit par les premiers chercheurs d'or en 1848 et en 1849, ne devaient pas tarder à en arracher les dernières richesses. Restaient à exploiter les veines du quartz aurifère qui se ramifient jusqu'au centre de la Sierra-Nevada. Ce nouveau travail exige des capitaux considérables et les efforts combinés des grandes associations ; mais les tentatives de cette nature n'ont pas jusqu'à présent obtenu un grand succès. La richesse aurifère du quartz, en Californie, suffit et au-delà, dans les bonnes veines, pour rémunérer le travail, et les capitaux étrangers abondent à San-Francisco : d'où vient que les mines de quartz n'attirent pas l'esprit d'entreprise ? C'est que les capitaux ne rencontrent pas en Californie la condition préalable et essentielle de tout progrès dans l'industrie. La propriété dans les placers et aux mines manque de garanties ; elle n'est ni placée sous la sauvegarde des lois ni protégée par la force publique. La plus complète anarchie règne dans le nouvel état. Non-seulement les mineurs ont à défendre leur existence et leur butin contre les incursions des tribus indiennes, non-seulement les crimes et les délits sont communs dans leurs rangs, la terrible répression du *Lynch-law* leur tenant lieu de police et de justice ; mais chacun ne possède qu'en vertu du droit que s'arroge le premier occupant. Le mineur choisit l'emplacement qui lui convient ; un bras fort et une carabine dirigée par un coup d'œil sûr sont les autorités qui l'y maintiennent. Enlever un riche placer à un mineur trop faible pour faire résistance, cela s'appelle, dans l'argot des placers, conquérir un titre (*to jump a claim*). Le président des États-Unis n'a-t-il pas déclaré, dans son dernier message, que « les terres minérales resteraient accessibles à la concurrence de tous les citoyens, » et le secrétaire d'état de l'intérieur n'a-t-il pas ajouté que « l'occupation n'en serait soumise qu'aux règles que les mineurs eux-mêmes croiraient devoir adopter ? »

Au demeurant, il faut bien qu'à travers les chances d'insuccès et de misère qui frappent les individus, le travail des mines californiennes ait été profitable à la masse des émigrants, puisque l'émigration ne s'arrête pas et que l'exploitation des terrains aurifères n'a pas cessé. Les résultats, sans approcher des sommes fabuleuses que l'enthousiasme ou la peur a données pour des réalités, excèdent largement les plus magnifiques dont l'histoire du passé dépose ; essayons de les préciser.

Léon Faucher

M. Butler-King, dans le rapport qu'il adressait au secrétaire d'état de l'intérieur en 1830, après une exploration consciencieuse de la Californie, évaluait à 40 millions de dollars le rendement des lavages et des mines d'or pour les deux années 1848 et 1849. La base de ce calcul, le premier qui se présentât avec une autorité officielle, était un produit de 1,000 dollars (5,350 fr.) par mineur et par année. Suivant M. Butler-King. l'émigration américaine n'aurait afflué en Californie que vers le mois de septembre 1849, et jusque-là des étrangers, venus principalement du Mexique et de l'Orégon, auraient recueilli presque tout le profit des lavages.

Le *San-Francisco Herald* estimait, à la fin de 1850, la production de l'or en Californie, pour les vingt-et-un mois qui s'étaient écoulés du 1er avril 1849 au 31 décembre 1850, à la somme de 68,587,591 dollars, somme qui représente près de 367 millions de francs. Suivant des renseignements publiés en France par le ministère du commerce, et dont les éléments paraissent avoir été recueillis sur les lieux la production aurait été un peu moindre : du 1er avril 1849 au 31 mars 1831, en deux années, elle se serait élevée à 329 millions de francs.[1]

M. Emile Chevalier, qui vient de remplir une mission du gouvernement français à Panama, dans un rapport qu'il adresse à M. le ministre des affaires étrangères, indique des résultats beaucoup plus considérables. L'or transporté comme fret par les bateaux à vapeur en 1850 se serait élevé, suivant lui, à la somme de 50,306,525 dollars. L'auteur du rapport ajoute, sur le témoignage

[1] Savoir : or exporté de San-Francisco avec manifeste ou par les

	fr.
passagers	215,019,000
exporté au Chili et au Pérou	6,865,000
par navires de guerre anglais	4,365,000
converti en espèces à San-Francisco	7,831,000
expédié par terre au Mexique	37,500,000
sans manifeste par le commerce	25,000,000
déposé chez des banquiers, etc	30,000,000
converti en monnaie, bijoux, etc	3,113,000
Total	329,713,000

d'une personne qu'il dit être très compétente, que les sommes transportées par les voyageurs eux-mêmes ne vont pas à moins des trois-quarts des valeurs consignées comme marchandise, et c'est ainsi qu'il arrive au chiffre vraiment extraordinaire de 88 millions de dollars, soit plus de 470 raillions de francs pour une seule année. À San-Francisco, où l'on peut apprécier avec plus d'exactitude des données qui ont toujours un côté conjectural, on n'évalue qu'au quart des quantités déclarées l'or dont les voyageurs se chargent eux-mêmes. À ce compte, il y aurait déjà 25 millions de dollars, soit plus de 133 millions de francs à rabattre ; mais il me paraît encore très douteux que la production de 1850 ait dépassé ce chiffre de 329 millions de francs que des renseignements recueillis sur les lieux et publiés également par le ministère du commerce présentent comme s'appliquant aux deux années 1830 et 1849. Nous avons du reste un critérium plus sûr dans les quantités d'or monnayées aux États-Unis. Voici les chiffres officiels.

	Versé au change	Converti en monnaie
1849	12,243,175 dollars	9,007,761 dollars
1850	38,365,160	31,981,737
1851	56,867,220	62,812,478
Total	107,475,555	103,801,976

Tout l'or versé au change ne provenait pas de la Californie ; une partie de cette somme consistait en espèces envoyées d'Europe et qui s'échangeaient contre des fonds américains ou contre des marchandises. Les trésors trouvés en 1848 dans la vallée du Sacramento appartenaient, comme on sait, principalement à des étrangers. Au mois de mars 1850, les hôtels des monnaies aux États-Unis n'avaient reçu encore que 11 ou 12 millions de dollars en or californien. À la fin d'août de la même année, les sommes versées au change ne s'élevaient qu'à 24 millions et demi de dollars. Un an plus tard, les monnaies avaient reçu en or de cette provenance, depuis l'origine, 80 millions de dollars.

Les États-Unis fournissent à la Californie, à raison de la proximité et du lien politique, le plus grand nombre des immigrants. C'est avec

Léon Faucher

les États-Unis principalement que la nouvelle colonie commerce. Il semble donc que la force des choses doive diriger vers les états de l'Union le courant métallique qui descend de la Sierra-Nevada. Sans doute, une partie de l'or que l'on récolte annuellement en Californie reste dans le pays pour alimenter la circulation monétaire. Des sommes considérables se répandent aussi dans l'Amérique du Sud et parmi les peuples commerçants de l'Europe, soit en paiement des denrées et des produits manufacturés, soit comme le prix accumulé du travail. Je n'exagérerai rien en supposant que les sept dixièmes de l'or produit chaque année vont se faire monnayer aux États-Unis, et que le dixième de la production, sans faire escale à New-York ou à la Nouvelle-Orléans, est expédié directement en Europe. Ainsi, les États-Unis ayant reçu de la Californie 100 millions de dollars jusqu'à la fin de 1851, la production totale des quatre années, y compris 1848, qui n'a rien fourni aux monnaies américaines, a dû être de 750 à 800 millions de francs.

L'or exporté de la Californie en 1851 est évalué par la douane de cet état à 56 millions de dollars. Suivant des calculs publiés par le *San-Francisco Herald*, le premier trimestre de 1832 aurait présenté, non plus pour les sommes expédiées, mais pour la production totale, un chiffre de 14,656,142, ou plutôt, en relevant d'une once la valeur de l'or, de 15,572,151. À ce compte, la production de l'année 1852 ne serait pas inférieure à 62 millions de dollars. L'exportation du mois d'avril est évaluée à San-Francisco à 3,422,000 dollars, soit un peu plus de 18 millions de francs. Les produits des placers, quoique toujours abondants, diminuaient, suivant les dernières nouvelles. Néanmoins, si l'Australie ne leur enlève pas leurs ouvriers les plus expérimentés et les plus avides, les mines de la Californie paraissent devoir rendre cette année quelque chose comme 300 millions de notre monnaie. C'est six fois la production de l'or au commencement du siècle, dans les contrées du globe que la civilisation pouvait alors atteindre. C'est deux fois la production de l'or en 1847. On n'a pas besoin assurément d'exagérer les nombres, comme l'ont fait plusieurs écrivains des deux côtés de l'Atlantique, pour prouver qu'un changement se prépare dans les valeurs monétaires, et que le *statu quo* qui dure depuis un demi-siècle n'est pas cependant éternel.

Partie IV

Des trois grandes régions aurifères qui alimentent aujourd'hui le commerce des métaux précieux, la Nouvelle-Galles du Sud, en Australie, est celle dont l'exploitation, à peine commencée, a le plus vivement saisi l'attention publique. Cette terre a plusieurs avantages sur les autres continents. Le climat y est doux et d'une parfaite salubrité. Le sol n'en est ni occupé par des tribus féroces ni infesté par des animaux malfaisants. Dans une contrée où la sécheresse est le principal obstacle que rencontre l'agriculture, la région aurifère, située sur les deux versants des chaînes de montagnes les plus élevées et à la naissance des cours d'eau, comprend les terres les mieux arrosées. Elle paraît s'étendre du nord-est au sud-ouest, en suivant le cours de la rivière Murray, le fleuve le plus considérable de l'Australie, sur une longueur de quatorze cents milles (2,452 kilomètres) et sur une largeur de quatre cents milles (643 kilomètres). La surface de cette immense contrée représente quatre fois celle de la Californie et cinq fois celle des Iles Britanniques.

Les effets de l'or californien se font principalement sentir loin du pays producteur. Les vallées du San-Joaquin et du Sacramento n'étaient, avant les fouilles miraculeuses de 1847, qu'un déserta peine interrompu par quelques oasis de culture. La Californie n'avait ni population, ni agriculture, ni commerce, ni industrie. Des *rancheros*, moitié fermiers, moitié chasseurs, y élevaient des troupeaux de bœufs dont la viande était dédaignée et dont les peaux brutes formaient le seul moyen d'échange. L'extraction de l'or n'a donc pu y troubler des relations déjà existantes ; elle est le phénomène, elle est le moteur qui a créé de toutes pièces et comme coulé d'un seul jet une colonie, une nouvelle société.

En Australie au contraire, et bien avant que les conséquences de cette découverte aient pu se traduire par des effets appréciables en Europe, l'exploitation des mines d'or est déjà une révolution. Les premiers lavages ne remontent pas au-delà du mois de mai 1851. À cette date, les colonies anglaises de l'Océanie étaient florissantes. La population d'origine européenne dans le groupe australien s'élevait à près de quatre, cent mille âmes. La Nouvelle-

Léon Faucher

Galles du Sud en particulier, qui comprend le district de Victoria, récemment érigé en une colonie distincte, renferme plus des deux tiers de cette population : c'est le siège principal de sa richesse et de son industrie. Les habitants, dont un grand nombre descend des transportés du siècle dernier, ont obtenu depuis 1850 des institutions représentatives et se gouvernent par leurs propres lois. Ils n'ont pas moins de cinquante et un journaux, les écoles et des banques publiques. Leurs principaux ports sont magnifiques et communiquent entre eux par de bonnes routes et par des lignes de bateaux à vapeur. Les grandes villes, parmi lesquelles il faut distinguer Sydney avec ses cinquante mille habitants et Melbourne avec trente-cinq mille, sont éclairées au gaz et ont une police organisée comme celle de Londres. Le luxe du mobilier et des toilettes y défie toute comparaison, et dépose des profits considérables que donne le travail. On a commencé la construction de deux chemins de fer. L'Australie a déjà une marine commerciale qui a concouru à approvisionner de farines la Californie en 1850. Son commerce avec la métropole est deux fois aussi important que celui des colonies américaines de l'Angleterre au moment où elles levèrent l'étendard de l'indépendance.[1] Le revenu colonial, sans parler du prix des terres dont la couronne dispose, et qui sert à former un fonds pour encourager l'émigration, s'élève à près d'un million sterling.

L'Australie produit le blé, le maïs et l'orge en abondance. On y a planté des vignes qui donnent d'excellent vin ; le tabac est cultivé avec succès et sur une grande échelle ; mais la fortune de cette colonie est la laine, pour la production de laquelle la vallée arrosée par les tributaires du Murray promet d'égaler la fécondité des régions méridionales des États-Unis dans la production du coton. L'Australie figure un poste avancé de notre civilisation au milieu des scènes de la vie pastorale. C'est une vaste Arcadie, dont le côté poétique se trouve rejeté dans l'ombre par la préoccupation industrielle et quelque peu altéré par la corruption des mœurs. On l'a comparée plus exactement à une mine de lame et de suif. Vingt millions de moutons errent à cette heure dans ses pâturages. Dans

---

1 En 1848, les importations de l'Australie s'élevaient à 2,578,442 livres sterl. (65 millions de francs environ), et les exportations à 2,894,315 liv. sterl. (environ 72 millions de francs). En 1850, le résultat a encore été plus considérable.

les importations de l'Angleterre, la laine australienne a presque entièrement remplacé celles de l'Allemagne et de l'Espagne, et les manufactures du comté d'York ne peuvent plus s'en passer. En 1850, l'Australie en a exporté cent trente-sept mille balles, et cent trente mille en 1851. Cent trente mille balles représentent une valeur d'environ 65 millions de francs. La métropole reçoit de l'Australie pour trois millions sterling de matières premières, en échange desquelles trois millions d'objets manufacturés sortent des ports du Royaume-Uni. Il en résulte d'immenses profits pour le capital et pour le travail ; c'est ce commerce bienfaisant et florissant que les mines d'or ont compromis et menacent d'interrompre.

Un savant dont la parole fait autorité, sir Robert Murchison, commentant les travaux du comte Strelecki sur l'orographie de la Nouvelle-Galles du Sud, avait annoncé, dès 1845, que l'on trouverait de l'or sur les flancs de ces grandes chaînes qui ont leurs Alpes et leurs Pyrénées. À diverses reprises, des fragments du précieux métal furent apportés soit à Sydney, soit à Melbourne, sans qu'on parvînt à convaincre le public qu'ils provenaient du sol même de la colonie. Au mois de mars 1851, un habitant moins incrédule que les antres, M. Margraves, qui revenait de la Californie, frappé de la similitude qui existait entre les formations géologiques des deux contrées, en conclut que l'or devait se rencontrer aussi dans la Nouvelle-Galles, et se mit résolument à fouiller le pied des collines ainsi que le lit des ruisseaux. En ayant trouvé des parcelles, il poursuivit son travail jusqu'à ce qu'il eût constaté la présence de l'or sur un grand nombre de points. Il se rendit ensuite à Bathurst, poste avancé de la colonisation vers l'ouest, appela le public autour de lui, annonça hautement sa découverte, et, pour joindre l'exemple au précepte, conduisit plusieurs habitants de la ville sur le théâtre de ses exploits, dans une petite vallée située au pied du mont Summer, où neuf mineurs étaient employés par lui à creuser activement et à laver la terre. Quatre onces de l'or le plus pur furent mises sous les yeux des assistants comme étant le produit de trois journées de travail. Chaque homme aurait ainsi gagné 2 liv. sterl. 4 sh. 4 d. (environ 61 francs) par jour : mais ce n'était, selon M. Margraves, que la moitié du gain probable pour un travailleur expérimente et pourvu de meilleurs outils.

Ceci se passait le 8 mai 1851. Le résultat de l'exploration étant connu, trois personnes partirent de Bathurst pour les lavages et revinrent quelques jours après, rapportant plusieurs livres d'or. En même temps, un géologue, désigné par le gouvernement local pour vérifier les assertions de M. Hargraves, attachait à l'existence des mines d'or le cachet d'une déclaration officielle. Ces nouvelles produisirent une vive sensation à Bathurst et jusqu'au-delà des Montagnes-Bleues, dans la capitale de la colonie. Le 19 mai, on comptait déjà six cents mineurs aux *placers*, affluence énorme dans un district où la population vivait clairsemée sur des espaces à peu près sans bornes. Dès le 24, quelques-uns écrivaient à leurs amis qu'ils obtenaient 3 à 4 livres sterling par jour. Une compagnie de quatre mineurs avait réalisé en un seul jour 30 onces d'or et avait trouvé une pépite pesant 1 livre. Trois semaines plus tard, un seul ouvrier avait amassé 1,600 livres sterling.

On remarque, en parcourant le récit de ces premières tentatives, que les habitants de l'Australie prévirent tout d'abord les conséquences funestes de la révolution qui allait s'opérer. Les journaux de la colonie sont remplis au début de lamentations et de prédictions sinistres ; on y maudit la manie de l'or en vers et en prose. La solitude des villes, aux dépens desquelles se peuple le désert, l'abandon du travail, les troupeaux laissés sans berger et les moissons séchant sur pied faute d'ouvriers qui les récoltent, le renchérissement des denrées, la perturbation des rapports sociaux, toutes les calamités, en un mot que l'on éprouve aujourd'hui, y étaient montrée sen perspective. Les chercheurs d'or les plus avides auraient dû reculer d'effroi. Cependant l'épidémie ne s'arrêta pas et gagna peu à peu tout le monde. Le gouvernement en donna l'exemple en récompensant magnifiquement M. Hargraves, pour lequel on créa l'emploi d'explorateur des terrains aurifères. Une proclamation apprit au public que les métaux précieux appartenaient à la couronne, et que, pour avoir le droit d'exploiter les mines d'or, chaque mineur devrait payer 30 shillings par mois.

Bientôt une funeste émulation gagna les autorités municipales. Depuis la baie de Newton jusqu'au golfe Saint-Vincent, sur une étendue d'environ deux mille milles de côtes, il n'y eut plus une ville ni un village qui ne voulût avoir des placers dans sa banlieue. Dans plusieurs districts, des réunions publiques furent convoquées afin de voter des primes pour la découverte de nouveaux gisements aurifères.

Le théâtre des premières opérations, situé à la rencontre de deux petites vallées dont les eaux se jettent dans la rivière Macquarie, affluent du Murray, avait reçu le nom biblique d'Ophir. Les succès obtenus sur ces placers furent bientôt effacés par le brillant résultat des travaux entrepris sur la rivière Turon et sur ses tributaires. Là, on rencontrait l'or, non plus en paillettes, mais en pépites ou *nuggets*. Pendant que les mineurs d'Ophir, au début, gagnaient eu moyenne 15 à 20 shillings par jour, ceux du Turon comptaient leurs gains par onces d'or. Le procédé beaucoup trop primitif du lavage avait fait place à la méthode plus savante de l'amalgamation. Le travail portait de tels fruits, qu'un simple manœuvre trouvait à s'employer pour une livre sterling par jour et la nourriture ; mais c'était un expédient auquel les mineurs n'avaient recours que le temps nécessaire pour amasser de quoi payer une licence ou acheter une bascule ou berceau, Ils s'associaient d'ordinaire par trois ou par six ; la journée de chacun rendait quelquefois plusieurs onces. La grosseur des pépites variait d'un cinquième d'once à plusieurs. Vers le milieu de juillet, le docteur Kerr trouva dans la vallée de Meroo, à quelques milles de Wellington, une masse de quartz, pesant trois quintaux, qui renfermait plus de cent livres d'or. Plus tard, on découvrit encore trois pépites dont chacune pesait vingt-six à vingt-huit livres. Au mois d'août commença l'exportation pour l'Angleterre ; les premières remises de poudre d'or s'élevèrent à 50,000 livres sterling. Les lavages du Turon et du mont Ophir donnaient alors 10 à 12,000 livres sterling par semaine.

Le trésor du docteur Kerr, exposé d'abord à Bathurst et puis à Sydney, enflamma les imaginations et fit tomber toutes les digues de la prudence. Les journaux, qui avaient d'abord maudit la découverte des terrains aurifères, embouchèrent la trompette lyrique pour célébrer ce coup merveilleux du hasard. « La nouvelle, s'écriait le *Morning Herald* de Sydney, étonnera l'Australie, étonnera l'Angleterre, l'Ecosse et l'Irlande, étonnera la Californie elle-même, et, nous n'exagérons rien, le monde entier... A l'arrivée du paquebot, quand chaque journal, dans les trois royaumes, répétera l'histoire de cette découverte qui est la merveille de notre âge, la sensation sera profonde, et dépassera en intensité ainsi qu'en durée tout ce que l'esprit public de la nation a jamais éprouvé. Depuis le

Léon Faucher

monarque sur son trône jusqu'au paysan qui conduit sa charrue, il n'y aura qu'un cri de surprise, d'étonnement et d'admiration. Du palais à la chaumière et du salon à l'étable, parmi les écoliers comme parmi les philosophes et les hommes d'état, on ne parlera que de cette masse d'or et de la terre qui l'a produite. De tous les ports de la Grande-Bretagne et de l'Irlande, les navires vont affluer chargés de passagers et de marchandises. La population et la richesse vont se répandre en Australie comme un torrent. Port-Jackson sera bientôt le havre le plus encombré et le plus florissant du monde, et Sydney prendra rang parmi les plus opulentes cités. La Nouvelle-Galles du Sud sera couronnée par l'Angleterre comme la reine des colonies. »

En attendant l'impression que devaient produire dans la métropole les nouvelles de la *terre d'or*, comme l'appelait le *Morning Herald* dans cette invocation pindarique, la population de Sydney accourait aux placers ; il en partait jusqu'à quatre cents émigrants par jour ; les matelots désertaient les navires sur rade ; le gouvernement, attendu la cherté des objets de première nécessité, se voyait obligé de doubler le traitement des employés. De tous côtés, on se mettait eu quête de nouveaux placers, et les districts à l'ouest et au sud de Sydney étaient touillés par las mineurs jusqu'à une distance de deux cents milles. On découvrait des gisements aurifères dans les comtés de Saint-Vincent, d'Argyle, de Dampier, de Wallace, de Wellesley, ainsi que dans les bassins du Murrumbidgee, du Shoalhaven, de la rivière Hume, de la rivière Peel et de la rivière des Neiges. À l'extrémité nord de la Nouvelle-Galles, dans le district de Moreton-Bay, des lavages sont en pleine activité sur plusieurs affluents de la rivière Condamine. Plus près de la capitale, dans la Nouvelle-Angleterre, on a trouvé de l'or en abondance dans le bassin de la rivière Mac-Donald. À deux cents milles au sud de Sydney, à Braidwood, un mineur réalisa 30 livres sterling en cinq semaines ; un autre, 42 livres sterling en quinze jours, et une compagnie de trois 200 livres sterling en une semaine. Rien n'était plus commun qu'un produit de deux onces pur homme et par jour ; quelquefois il s'élevait à une livre. Les femmes se mettaient aussi de la partie : on cite une veuve et ses deux filles qui obtinrent, eu grattant le sol, deux onces en moyenne par jour. Le district du Turon n'avait pas perdu sa bonne renommée. Tel était l'attrait de ces chances aléatoires, qu'un ouvrier, à Meroo, ne s'engageait plus à travailler pour le compte d'autrui, à moins d'être nourri et de recevoir un salaire de 3 livres sterling par semaine. À la date du mois d'octobre, le gouvernement y avait distribué huit mille six cent trente-sept licences. Dix mille mineurs étaient à l'œuvre dans la province de Sydney, et l'on avait déjà expédié vers l'Angleterre 215,866 livres sterling (près de 5 millions et demi de notre monnaie). Au mois de décembre, le rendement des placers était d'environ 40,000 liv. sterling par semaine, somme qui représenterait, en supposant le travail constant, c'est-à-dire en faisant abstraction des temps de grande pluie et des époques d'extrême sécheresse, plus de i millions sterling par année.

Cependant ces résultats, quelque brillants qu'ils dussent paraître, ne tardèrent pas à être éclipsés par les nouvelles de la province de Victoria. On a trouvé l'or d'abord à Ballarat, où il était enfoui à d'assez grandes profondeurs ; ensuite au mont Alexandre, où il jaillissait sous la pioche jusqu'à la surface ; à Caliban, quinze milles plus loin ; à Albury, sur la rivière Murray, et sur la côte orientale, à Gipp's land. On prétend que la chaîne qui sépare la province de Vittoria de la province de Sydney, et qui est connue sous le nom de Montagnes-Neigeuses, n'est qu'une vaste mine d'or. Chaque jour amène quelque découverte nouvelle, et la découverte de la veille est presque toujours effacée par cette du lendemain. Les mines du mont Alexandre ont une étendue d'environ dix milles, et la terre y regorge d'or. On trouve le métal précieux dans un gravier argileux et dans les interstices de l'ardoise. Il suffit de creuser à six pouces du sol. On comptait déjà sur un seul point, au mois de décembre 1851, quinze mille mineurs, et les gisements semblaient inépuisables.

Ici point de moyenne à établir, la fortune s'acquiert par des coups de filet. On cite comme rentrant dans les cas ordinaires, tantôt sept ouvriers qui ont amassé 500 onces d'or en trois semaines, soit, à 3 livres sterling l'once, qui est la valeur courante de l'or dans la colonie, environ 260 francs par jour et par tête ; tantôt deux mineurs qui ont réalisé dans le même laps de temps 400 onces, ou 735 francs par jour pour chacun d'eux. Un charretier qui n'avait jamais remué la terre se fit un pécule de 1,500 livres sterling en cinq semaines : c'est la proportion d'environ 800 francs par jour. Un transporté à

Léon Faucher

peine émancipé de la veille obtint 150 livres en seize jours, ce qui donne 235 francs pour le salaire quotidien. Un ouvrier qui n'avait jamais su que l'errer les chevaux fut moins heureux, et rapporta néanmoins après cinq semaines de travail, 100 livres sterling, claires et nettes dé toutes dépenses, fin garçon de quatorze ans, en moins de temps, récolta 400 livres sterling, et un autre du même âge 120 livres ; mais l'ambition des ouvriers allait au-delà : il n'y en avait pas un qui, en creusant un trou, ne conçût l'espoir d'en faire sortir une valeur de 40 ou 50 livres, sterling entre le lever et le coucher du soleil. Ces espérances étaient entretenues par des exemples qui tenaient du merveilleux, et dont le récit, circulant de groupe en groupe parmi les chercheurs d'or, passait bientôt à l'état de légende. On a vu un espace de quelques pieds carrés produire en peu de jours 45,000 francs. Quatre matelots, après six semaines de travail, chargeaient sur un chariot une cassette qui renfermait 200 livres d'or, environ 260,000 fr. Quatre autres ouvriers, après deux mois de travail, se sont partagé 1 million. On cite un mineur qui en a recueilli 25 livres en deux ou trois semaines, un autre qui a su amasser 11 livres en quarante-huit heures, un autre enfin qui, en moins d'une heure, a fait un monceau de trente livres, représentant plus de 38,000 francs. Et il faut noter que les mineurs ne perdent pas leur temps à récolter les paillettes et les grains d'or ; cela leur paraît trop peu de chose. Tout fragment qui n'a pas au moins la grosseur d'une tête d'épingle ou d'une féverole est rejeté sans examen. Il y aura de quoi largement glaner des trésors après ces moissonneurs dédaigneux et prodigues.

Dans les placers du mont Ophir et du Turon, où les profits de l'exploitation étaient d'abord modérés, on avait pu faire régner sans effort parmi les mineurs l'ordre, la sécurité et une certaine décence de conduite. Le capitaine Erskine de la marine royale, qui les visita vers la fin de juillet 1851, en rend le témoignage le plus favorable. Les mineurs l'accueillirent partout avec la plus parfaite civilité ; l'ordre et le bon accord régnaient parmi eux. Le capitaine Erskine ne rencontra qu'un seul homme ivre sur les placers. La vente des liqueurs spiritueuses y était interdite, et le dimanche religieusement observé. On y reconnaissait encore quelques traces d'une industrie régulière. Les placers voisins du Port-Philip présentent un spectacle bien différent. Là, l'existence du mineur est une loterie où toutes les chances sont plus ou moins favorables. Il en résulte, pour les têtes les plus froides, un enivrement qui approche de la folie. Les passions les plus violentes et les plus extravagantes fantaisies se donnent carrière. La consommation du vin, de la bière et des spiritueux est énorme. Les tables de jeu, les querelles et les luttes à coup de poing pour de l'argent y disputent le dimanche au service divin. — La population des placers, écrit-on de Melbourne à la date du 2 janvier, roule sur l'or et en fait en quelque sorte litière. On cite un homme qui plaça un billet de banque de 5 livres (plus de 126 francs) entre deux tartines beurrées, et le dévora comme un *sandwich* ; un autre roula deux billets de 5 livres en forme de balle, et les avala comme une pilule ; un troisième, qui était entré dans la boutique d'un confiseur pour manger des tartes, jeta sur le comptoir un billet de 5 livres, et refusa d'en accepter la monnaie. Les mineurs semblent ne pas comprendre la valeur de l'argent : ils supportent leurs pertes avec une parfaite philosophie. Un homme à qui on avait dérobé une traite de 3,760 francs, et qui la trouva déjà encaissée quand il se présenta à la banque, se contenta de dire : « Bah ! l'argent ne manque pas. »

Un placer, dans la colonie de Victoria, figure aux yeux un immense campement, qui présente des milliers de tentes de toutes les dimensions, de toutes les couleurs et de toutes les formes. Ce bivouac, pendant la nuit, brille de feux innombrables, et le repos y est troublé par des décharges incessantes de pistolets et de fusils. Tout mineur est armé jusqu'aux dents et ne peut se reposer que sur lui seul du soin de protéger son butin et sa vie. Chacun se garde dans le camp comme s'il était menacé d'une surprise, et l'on pousse les précautions jusqu'à décharger et recharger les armes chaque jour après six heures du soir. Le gouvernement transporte chaque semaine à Melbourne l'or récolté aux placers, moyennant un droit de \ pour 100 ; mais comme, malgré cette commission exorbitante, il ne répond pas des cas de force majeure, les mineurs se réunissent par groupes bien armés, quand ils sont fatigués de faire fortune, et escortent eux-mêmes leurs propres trésors. Les bandits de Van-Diemen fondent comme des oiseaux de proie sur les mineurs. Tel est leur nombre et si grande est leur audace, que la police locale recule devant eux et refuse souvent, en présence d'un meurtre commis, d'aller au milieu de la foule appréhender les meurtriers. Les

Léon Faucher

autorités de Melbourne sont hors d'état d'envoyer des renforts, car les gens de la police urbaine, à l'exception de six, ont donné en masse leur démission et vont chercher de l'or au mont Alexandre. Un cri de désespoir et d'indignation s'est élevé dans la colonie. « L'imbécillité de notre gouvernement, dit *l'Argus*, nous réduit à nous faire justice nous-mêmes et à proclamer la loi de Lynch avec ses plus formidables terreurs. » « Il faut que le gouvernement agisse avec énergie et sans perdre de temps, dit le *Morning Herald* ; autrement nous présenterons bientôt le spectacle d'une seconde Californie, avec l'émeute et la loi de Lynch en permanence et avec le crime dans sa hideuse nudité. » Le gouverneur, sir G. Fitzroy, a répondu à cet appel en demandant des troupes à la mère-patrie et en recrutant sa police de quelques soldats en retraite. Suffira-t-il, pour préserver cette société à peine formée de la dissolution qui la menace, d'envoyer un vaisseau de guerre en station à Port-Jackson et un autre à Port-Philip, et de renforcer les garnisons de l'Australie, comme sir John Packington le propose, de quatre ou cinq cents soldats ?

Heureusement de tels désordres ne sauraient passer à l'état chronique. Quand l'autorité, qui devrait les réprimer, se déclare impuissante, la société, tremblant pour son existence, se soulève, et, au prix d'une commotion populaire, elle se débarrasse violemment des malfaiteurs. Ce qui est bien autrement à redouter, surtout dans une communauté de formation récente, c'est l'attraction que les fortunes faites aux placers exercent sur les esprits. Les hommes, fascinés par cet irrésistible aimant, abandonnent les travaux les plus productifs comme les occupations les plus nécessaires. Il n'y a plus de vocations ni de devoirs qui retiennent ; aucun salaire ne pouvant suivre la progression des chances qu'un mineur trouve au bout de sa pioche, le métier de chercheur d'or remplace bientôt tous les métiers. Un peuple entier, courbé vers la terre, s'absorbe dans ce travail qui l'abrutit, laissant aux autres le soin de semer et de produire.

Dès le commencement de novembre dernier, les villes de Melbourne et de Geelong étaient abandonnées ; de cette nombreuse population, il ne restait plus que les femmes. La proximité des placers, situés à deux ou trois journées de marche, rendait le voyage comparativement facile. Il ne fallait pas, comme à Sydney, s'équiper pour un long voyage, ni faire provision de vivres et d'argent. Les hommes désertaient en foule les troupeaux, les champs, les navires, les ateliers, les comptoirs et les boutiques ; on ne pouvait les retenir à aucun prix. Il en venait de Sydney, de la terre de Van-Diemen, de l'Australie du sud et jusque de la Californie elle-même. Les navires dans la baie ne débarquaient pas leurs cargaisons faute de bras ; les marchandises pourrissaient sur les quais, où on les avait entassées. Dans plusieurs districts de la colonie, les affaires et la culture étaient suspendues ; on manquait de bras partout. Quand on trouvait des ouvriers pour la tonte des laines, ils exigeaient le prix énorme de 3 sh. 6 d. pour vingt toisons. Un mois plus tard, la capitale de l'Australie du sud, Adélaïde, réalisait la peinture du *village abandonné*. Commerçants, industriels, propriétaires et capitalistes, tous les habitants étaient ruinés ou avaient émigré à Port-Philip pour échapper à une ruine inévitable. Les actions de la célèbre mine de Burra-Burra, qui avaient valu plus de 200 livr. st., ne trouvaient plus d'acheteurs à 60, et les sept cents ouvriers qui y travaillaient s'étaient enfuis. Le prix des choses et des services montait dans une proportion effrayante.

On lit dans une lettre de Melbourne, à la date du 17 janvier : « Dans les banques et à la poste, les employés font la journée double ; les autres services publics ne peuvent pas marcher, faute de bras. On ne trouve pas de domestiques mâles, même aux prix les plus extravagants ; les femmes ne servent pas à des conditions beaucoup meilleures. Je priai le garçon d'abord et ensuite la femme de chambre de l'hôtel où j'étais descendu d'envoyer à la blanchisseuse un petit paquet de linge ; ils me répondirent l'un et l'autre que l'on ne pouvait trouver personne qui consentît à blanchir le linge. Je me vis donc contraint d'aller chez le mercier et d'acheter du linge neuf. A-t-on besoin d'une paire de bottes, il faut la payer 2 livres 10 shillings (63 fr. 20 c) ; une paire de souliers forts coûte 20 shillings (25 fr. 20 c). » Une autre lettre du 1er janvier ajoute quelques traits à cette peinture : « Dans mon opinion, cette ville est menacée d'une ruine complète et infaillible. La nuit dernière, deux hommes arrivèrent, annonçant la découverte de gisements aurifères dans le district de Gipp'sland ; ils en rapportaient 10,000 livres sterling en or, et annonçaient qu'il y en avait pour le monde entier. Que deviendra maintenant le travail ? Supposons que cent

Léon Faucher

mille immigrants arrivent dans cette colonie l'année prochaine : lequel d'entre eux voudra rester dans les villes ou dans les fermes à gagner quelques shillings par semaine, quand il pourra se diriger vers les mines d'or, et récolter là 50 livres sterling en un jour ? En ce moment, je ne trouverais dans la ville de Melbourne ni à acheter ni à faire réparer une paire de bottes, à quelque prix que ce fût. Je me procure du pain à Collingwood par grâce, et le boulanger ne s'engage pas à m'en fournir régulièrement. Je paie 5 shillings, une voie d'eau, et 30 shillings le bois que peut porter un cheval. On trouve difficilement un camion pour transporter une malle, et le prix de ce service est illimité. Les domestiques du juge sont tous partis ; il ne se sert plus de sa voiture. Ses fils nettoient les couteaux et les chaussures, et traînent leur père malade à son tribunal dans un fauteuil d'invalide. »

Un habitant de Melbourne, qui est réduit à soigner lui-même son cheval pendant que sa femme fait la cuisine, écrit : « Un des membres de notre club, grand propriétaire de troupeaux et qui ne sait, comment en récolter la laine, est allé aux mines pour tâcher d'engager quelques hommes. Il leur a demandé ce qu'ils voulaient de gages ; ils ont répondu qu'ils voulaient toute la laine. Et, comme le propriétaire partait, ils l'ont rappelé pour lui dire : — Maître, nous aurions besoin d'une cuisinière ; si la place vous convient, nous vous donnerons une livre sterling par jour. »

Sur les placers, la main-d'œuvre vaut au moins 1 livre sterling par jour. Les gens qui reviennent des villes avec un pécule ne veulent plus travailler, et se figurent qu'ils ont conquis le droit de vivre sans rien faire. Les denrées sont aussi très chères. Au mont Alexandre, la farine vaut 5 deniers la livre (près de 00 centimes le demi-kilogramme) ; le jambon et le beurre, 2 sh. 6 d. (environ 3 fr. 45 c. le demi-kilog.) ; l'avoine se vend 18 shillings le boisseau (64 fr. l'hectolitre). Au mois d'août, la farine ne valait encore que 3 deniers la livre, et l'avoine 4 shillings le boisseau sur le marché de Sydney, prix déjà très supérieurs à ceux des années de disette sur les marchés de l'Europe.

Deux causes principales ont concouru, dans toutes les contrées où la découverte d'un placer abondant a subitement enrichi les orpailleurs, à déterminer cette hausse prodigieuse des denrées les plus nécessaires à l'existence. D'abord, la population augmentant plus rapidement que les moyens de subsistance, le prix des aliments que l'on demande davantage doit nécessairement s'élever, et l'accroissement de valeur, en pareil cas, n'est nullement proportionné à l'insuffisance dans la quantité. Qui ne sait qu'un déficit d'un sixième ou même d'un dixième dans la récolte du blé en fait augmenter le prix souvent du double et quelquefois du triple ? La France et l'Angleterre l'ont éprouvé en 1846. On peut même affirmer que, sans la facilité des communications et le bon marché des transports, les conséquences de la disette eussent été alors bien autrement funestes. Faut-il s'étonner que, dans des contrées où la civilisation vient à peine d'être importée, qui manquent de routes, de canaux et de chemins de fer, le mal atteigne, dès le début, de gigantesques proportions ?

Une autre cause est l'abondance même des métaux précieux. L'or, quand on le ramasse à pleines mains, au lieu de l'acquérir par faibles parcelles et avec peine, perd infailliblement de son prix. Néanmoins, pour l'or comme pour l'argent, la diminution de valeur ne se manifeste que par l'augmentation du prix des choses. La valeur nominale du signe monétaire reste alors la même ; mais sa puissance décroît dans la mesure de l'accroissement de sa quantité, à moins que des causes extérieures, telles qu'une importation surabondante de denrées, ne vienne momentanément rétablir l'équilibre.

Aujourd'hui chaque progrès de l'extraction, en Australie, s'opère au détriment de la culture proprement dite ou de l'élève du bétail. La terre de Van-Diemen, qui nourrissait les autres districts de l'Australie, pourrait bien, cette année, manquer de blé pour elle-même. La récolte, il est vrai, présentait les apparences les plus magnifiques à la fin de 1851 ; mais comment moissonner et rentrer le blé dans une île qui n'a plus de main-d'œuvre et qui va se dépeuplant tous les jours ?

Cette situation est critique ; avec tout autre peuple que la race anglo-saxonne, on pourrait la regarder comme désespérée. Encore quelques mois d'abandon, et l'on perdra bien plus que la récolte de la laine, car les troupeaux n'étant plus gardés périront. Pour former ce capital, sur lequel reposait l'avenir de l'agriculture en Australie, il avait fallu un quart de siècle. Sans une immigration nombreuse, non plus de chercheurs d'or, mais d'hommes adonnés

Léon Faucher

à la vie pastorale, avant que 1852 n'expire, il sera irrévocablement détruit. L'Angleterre s'est éveillée un peu tard au sentiment du péril ; mais elle n'épargne rien maintenant pour conjurer le désastre. Le gouverneur de l'Australie voyait arriver les émigrants avec effroi, tant que ceux-ci ne faisaient que grossir la foule des mineurs et ajouter, par la concurrence, à la cherté des denrées. Il avait même pressé le secrétaire d'état des colonies de diriger vers d'autres climats la population surabondante. Toutefois, à défaut de l'émigration au compte de l'état, l'émigration volontaire ne s'arrêtait pas. Il partait de Liverpool seulement deux mille personnes par mois pour Sydney ou pour Melbourne. On manquait de navires pour ces transports en Angleterre, en Ecosse et en Irlande ; jamais une plus grande activité n'avait régné sur les chantiers de construction.

Cependant on a compris que ce qui manquait désormais à l'Australie, c'était une population agricole. Les îles situées au nord de la Grande-Bretagne et les Highlands de l'Ecosse renferment des habitants beaucoup trop nombreux, qui, malgré un travail soutenu, meurent de faim sur un sol à peu près stérile. Vingt ou trente mille de ces ménages laborieux, engagés pour labourer les terres de Van-Diemen ou pour garder les troupeaux de la Nouvelle-Galles, cesseraient d'être un fardeau pour la charité britannique et sauveraient l'Australie. Des listes de souscription s'ouvrent en Angleterre à cet effet, et la colonie elle-même va se trouver en mesure d'y concourir, car sir John Pakington a fait connaître à sir G. Fitzroy que le gouvernement mettait à la disposition de la législature locale les revenus qui pouvaient provenir des droits établis sur l'exploitation des gisements aurifères. En ce moment, le port de Londres renferme toute une flotte de navires de commerce prêts à faire voile pour les terres australes, et qui transportent vingt-trois mille personnes, en réservant aux marchandises la place de trente mille tonneaux.

Au reste, en abandonnant les droits de la couronne sur les trésors des placers, le gouvernement britannique a sauvé l'Australie. Les revenus coloniaux sont presque doublés par cette mesure. En effet, la taxe de trente shillings par mois, en la supposant levée sur soixante mille mineurs travaillant huit mois de l'année, donnerait 18 millions de francs. Une taxe de 60 shillings, celle que l'on cherche à établir et à laquelle les mineurs résistent, produirait par conséquent 36 millions de francs. À défaut des cultivateurs anglais, dont la bonne volonté n'est pas bien certaine, et qui, venant de loin, coûtent fort cher, il y a là de quoi importer toute une population d'Indous et de Chinois.

La production des gisements aurifères de l'Australie, qu'il faut essayer maintenant de déterminer, ne paraît pas avoir excédé un million et demi sterling en 1851 pour tous les placers exploités ; mais on sait que l'exploitation n'avait commencé que vers le milieu de mai dans la province de Sydney, et dans la province de Vittoria vers la fin de septembre. Au mois de janvier 1852, on comptait dix mille mineurs à l'œuvre sur les nombreux gisements qui dépendent de Sydney ; le produit oscillait entre 12 et 15,000 onces par semaine. À huit mois de travail par année, c'est une somme d'environ 31 millions de francs au prix que vaut l'or dans la colonie, et de 35 millions au prix que donne la monnaie anglaise ; mais la population des placers augmentera certainement en 1852, et c'est faire un calcul modéré que d'estimer à 40 ou 50 millions de francs le rendement de cette province pendant l'année.

Dans la province de Vittoria, trente mille mineurs, travaillaient aux placers vers la fin de décembre. Le nombre augmentant tous les jours, on peut admettre qu'ils avaient reçu, au printemps de cette année, un renfort de dix mille chercheurs d'or. Le travail des mines est une loterie à laquelle bien peu gagnent le gros lot. Une lettre de Sydney, à la date du 4 février, résume ainsi les résultats de cette industrie, résultats qui attirent par leur incertitude et par leur irrégularité même : « On calcule que, sur dix spéculateurs qui emploient des ouvriers au lavage des sables aurifères, un seul parvient à faire ses frais. Pour les ouvriers qui travaillent à leur propre compte, la proportion du succès est de un sur cinq. » Il ne faut donc pas s'étonner si les quantités d'or extraites du sol par tant de mineurs ne répondent pas aux brillantes espérances que les profits extraordinaires réalisés par plusieurs d'entre eux avaient excitées. C'est peut-être calculer largement que de supposer que les quarante mille mineurs de la province de Vittoria produiront en moyenne dix ou douze shillings pour le travail quotidien de chacun d'eux. À deux cents jours de travail, c'est environ 3,000 francs par tête et 120 millions par année. Ainsi les gisements aurifères de l'Australie présenteraient, en 1852, à raison de 40 millions pour la province de Sydney et de 120 pour celle de Vittoria, un rendement probable de 160 millions de francs. En suivant l'échelle de progression de la Californie ; ces résultats pourraient être doublés la troisième année ; mais il est bon de remarquer qu'au mois de mars dernier, et malgré l'étendue des gisements exploités depuis près d'un an à Sydney, depuis six mois dans l'Australie heureuse, la colonie n'avait expédié, sur tout l'or qu'elle avait récolté, que 819,000 liv. st. (20,537,000 fr.) en Angleterre.

En réunissant les produits des trois grandes régions aurifères, on trouve que la Sibérie, la Californie et l'Australie sont appelées à verser, en 1852, sur les marchés des métaux précieux, environ 600 millions de francs, une masse d'or égale en poids à 175 tonnes. Notez bien que la Chine et le Japon ont des mines d'or et d'argent en pleine exploitation, dont le produit ne s'épanche que dans l'intérieur de ces empires. La chaîne de l'Himalaya doit renfermer des richesses qui ne le cèdent pas à celles de la Cordillère qui forme l'arête dorsale de l'Amérique depuis le Chili jusqu'à l'Orégon. Il paraît même que les habitants du Thibet ont commencé à exploiter les alluvions aurifères qui en descendent. Toutes les mines d'or ne sont donc pas livrées au courant industriel,[1] et la terre garde encore des trésors pour l'usage des générations à venir.

On ne peut guère évaluer à plus de 8,000 kilogrammes par année les quantités d'or que fournissent annuellement, en dehors de la Californie, les deux Amériques. La Hongrie est la seule contrée de l'Europe qui en produise aujourd'hui environ 2,000 kilogrammes. Il n'en vient pas de l'Afrique des quantités appréciables, et 3 à 4,000 kilogrammes forment chaque année le résultat connu des lavages dans l'archipel de la Sonde ainsi que dans la presqu'île de Malaca. De tous ces filons réunis, on composerait une valeur approximative de 40 à 50 millions de francs.

En résumé,

---

1 La découverte de gisements aurifères dans l'archipel de la Reine-Charlotte ne s'est pas continuée ; mais en revanche il ne parait plus douteux que ceux de l'Australie se continuent dans la Nouvelle-Zélande M. Cargill, commissaire préposé aux terres de la couronne à Duneddin ; a reçu des échantillons trouvés dans diverses localités et donnant la preuve incontestable de l'existence du métal précieux dans l'Ile méridionale.

	fr.
le produit des lavages de la Californie paraît devoir s'élever, en 1852, à	300,000,000
Celui de l'Australie à	160,000,000
Celui de l'Oural et de l'Altaï à	90,000,000
Celui du reste du monde	50,000,000
Total	600,000,000 de fr.

On a déjà vu que la Californie avait rendu 750 millions pendant les quatre années 1848, 1849, 1850 et 1851. La Russie, à raison de 100 millions par année, a donné 400 millions, et les autres gisements aurifères 200 millions. Ainsi, à la fin de 1852, la production de cette période quinquennale aura atteint un chiffre qui approchera de 2 milliards, résultat jusque-là sans exemple dans l'histoire, car jamais l'or n'avait coulé d'une source aussi abondante ni par tant de fleuves à la fois.

Partie V

Quels seront les effets probables de cette expansion de l'or sur les contrées où les gisements s'exploitent et sur les grands centres de richesse ainsi que d'industrie où la concurrence détermine et où vient se monnayer en quelque sorte la valeur des choses ? Parlons d'abord des colonies aurifères. Il est certain que l'attrait exclusif des lavages y retarde ou y fait rétrograder au début le travail vraiment productif, celui qui féconde les champs ; mais cette influence démoralisatrice n'aura pas une très longue durée. Les placers s'épuiseront. L'or d'alluvion, celui que les grandes pluies et les débordements ont répandu presque à la surface du sol, alimente principalement la récolte. Les milliers de mineurs qui en suivent les veines, à force de tourner et de retourner la terre, l'auront bientôt dépouillée des moindres parcelles du métal. Restera l'or enfermé dans le quartz, qui n'est accessible qu'aux procédés scientifiques, et dont on n'abordera l'exploitation qu'en formant, à l'aide du capital aggloméré, comme pour l'extraction de l'argent, des compagnies puissantes. Alors les efforts individuels,

Léon Faucher

exclus ou rebutés, se tourneront vers la culture du sol. De tous ces émigrants qui accourent en foule dans la Californie et dans l'Australie à la recherche de l'or, il en restera un assez grand nombre pour coloniser le pays. À côté des aventuriers qui s'expatrient pour courir après les chances et les émotions d'une fortune improvisée, la société moderne renferme une multitude de familles pauvres qui s'estimeront heureuses de trouver sous un climat lointain le travail rémunérateur ou la propriété avec une aisance modeste.

Les Espagnols avaient débuté, eux aussi, dans la conquête du Nouveau-Monde, par mettre les métaux précieux au pillage et par dédaigner tout ce qui n'était pas de l'or et de l'argent : ils ont fini par bâtir des villes, par construire des ports, par édifier des temples, par semer des céréales et par élever des troupeaux. Après les soldats sont venus les mineurs, et après les mineurs les colons ; la pique n'a fait que frayer la route à la charrue. Ce qui s'est passé au XVIIe siècle se reproduira certainement dans le cours du XIXe. L'Australie, la Californie et les régions hyperboréennes de l'Altaï se couvriront d'habitants. Il est permis de croire que la Providence, en accumulant des trésors comme un aimant dans les lianes de leurs montagnes et dans les profondeurs de leurs vallées, a voulu y attirer la population surabondante et le génie colonisateur de l'Europe.

Voilà pour les pays de production. Venons maintenant à l'influence que doit exercer sur les marchés d'importation l'abondance extraordinaire de l'or. La première question qui s'élève et la plus importante sans contredit est celle de savoir si la valeur relative de l'or et de l'argent va se trouver exposée à une perturbation très profonde. Nous avons cherché à déterminer la production réelle de l'or ; examinons quelle est aujourd'hui celle de l'argent.

M. de Humboldt l'évaluait à 870,000 kilogrammes, valeur de 193 millions de francs, au commencement du siècle. En 1847, M. Michel Chevalier donnait, pour la production annuelle, le chiffre de 775,000 kilogrammes, valeur de 172 millions de francs ; mais il y a lieu de croire que cet écrivain estimait trop bas le rendement des mines du Mexique, porté dans ses calculs pour l'argent à 18 millions et demi de piastres. Dans un ouvrage postérieur sur la monnaie, M. Chevalier évalue la production à 900,000 kilogr. Un journal spécial, *the Economist*, en décembre 1852, calculait le rendement de 1850 à 191,772,000 francs. La production actuelle paraît être beaucoup plus considérable. On ne saurait l'évaluer à moins d'un million de kilogrammes pour l'année 1851, ou, en tenant compte des fractions, à 230 millions de francs. En voici le tableau par quantités approximatives.

	francs
Mexique	133,000,000
Chili	22,000,000[1]
Pérou	25,000,000
Bolivie et Nouvelle-Grenade	12,000,000
Russie et Norvège	5,000,000
Saxe, Bohême, etc	5,000,000
Hongrie	7,000,000
Espagne	16,000,000
Le reste de l'Europe	5,000,000
Total	230,000,000 francs

Nous ne croyons pas exagérer en supposant que la production de 1852 s'élèvera à 250 millions de francs, et qu'elle excédera par conséquent 1,100,000 kilogrammes. À ce compte, la valeur accumulée des métaux précieux extraits pendant l'année de la terre atteindrait le chiffre de 850 millions, dans lesquels l'argent représenterait la proportion d'à peu près 30 pour 100. Le poids de l'or serait dans le rapport de 1 : 63 dixièmes avec celui de l'argent.

En admettant un accroissement graduel dans la production de l'argent, nous ne partons pas d'une hypothèse gratuite. En 1843, elle était à peine de 16 millions de piastres au Mexique. En 1849, l'argent frappé dans les monnaies de la république mexicaine s'élevait à 20 millions de dollars, sans compter la part de la contrebande, qui était au moins de 3 à 4 millions de dollars. Nous restons, selon toute apparence, bien au-dessous de la vérité ; il est plus probable que la production remontera cette année au taux de 27 millions de dollars qu'elle avait atteint en 1805, sous la domination espagnole. Au Chili, la progression a été plus rapide encore, les mines qui

Léon Faucher

avaient donné 821,000 piastres en 1841 et 1,534,000 en 1845, ayant rendu 3,343,000 piastres en 1849 et 4,070,000 en 1850.

Une cause purement locale va contribuer efficacement à ce progrès. On sait que le procédé de l'amalgamation est à peu près le seul qu'emploient les mineurs pour extraire l'argent au Chili, au Pérou et au Mexique. Pour obtenir un quintal d'argent, il faut dépenser un quintal et demi de mercure. On conçoit que le prix du mercure doive exercer une grande influence sur les extractions. Quand il est trop élevé, l'exploitation se borne aux mines d'argent les plus riches ; quand il s'abaisse, l'exploitation peut descendre jusqu'aux filons les moins abondants. Avant la guerre de l'indépendance, la couronne d'Espagne, qui monopolisait la vente du mercure, le livrait, dans tous les dépôts du Mexique, à 35 ou 40 piastres le quintal ; de là l'immense développement qu'avait pris, malgré la grossièreté des procédés, l'exploitation des gîtes argentifères. Depuis que le gouvernement espagnol, pressé par l'état misérable de ses finances, afferme les produits des mines d'Almaden, les fermiers, qui paient une redevance très onéreuse, et qui n'avaient pendant longtemps aucune concurrence à redouter, ont élevé le prix du mercure hors de toute proportion. Il y a quelques années, on le vendait à Guanaxuato jusqu'à 150 piastres le quintal. En 1850, l'agent de la maison Rothschild le faisait payer, rendu à la Vera-Cruz, 103 piastres et 105 piastres dans le dépôt de Mexico. À la même époque, il valait à Mazatlan 120 piastres. Le prix de revient du mercure, à Almaden, est de 18 dollars le quintal, et on le fournit à raison de 45 dollars pour l'extraction de l'argent en Espagne.

La cherté va cesser avec le monopole. L'Espagne n'a plus le privilège de fournir le mercure aux mineurs du Nouveau-Monde. La Californie renferme des mines de cinabre très abondantes et dont l'exploitation est aujourd'hui en pleine activité. Celles de New-Almaden, situées à quelques lieues de San-Francisco, donnent 400 kilogrammes par jour. À 300 jours de travail par année, c'est un approvisionnement de 120,000 kilogrammes, avec lesquels on peut produire au moins 80,000 kilogrammes d'argent. Sur la mine même, le mercure vaut 25 piastres le quintal ; rendu au Fresnillo, près de la riche veine de Sombrerete, et à la condition de le transporter à dos de mulet depuis le port de Mazatlan, il a été vendu 93 piastres en 1850. Les propriétaires, de New-Almaden s'engagent à réduire leurs exigences dans le cas où le prix du mercure espagnol viendrait à baisser. Ils en ont envoyé jusqu'au Chili, où l'extraction de l'argent a pris une activité nouvelle. Ils peuvent en fournir au Pérou avec avantage, car le mercure de Huancavelica coûtait à Pasco, en août 1850, 104 piastres le quintal. La mine de la Nouvelle-Almaden n'est pas la seule que l'on exploite en Californie. On y rencontre sur plusieurs points des affleurements de cinabre ; mais dès à présent, et avant que la science ait exploré toutes les richesses de cette contrée, la Californie est en mesure de produire le mercure aussi bien que l'or.

La nouvelle de la découverte de mines de cinabre au Mexique, dans le voisinage de San-Luis de Potosi, s'est confirmée à Londres au mois de mars dernier. Sont-ce les anciens gisements que leur pauvreté avait fait abandonner, ou bien a-t-on en effet trouvé un minerai qui rende, comme celui de la Nouvelle-Almaden, 50 pour 100 de mercure' ? Voilà le point qu'il reste à éclaircir. En, attendant, le prix du mercure a baissé, dans le district de Guanaxuato, jusqu'à 40 piastres le quintal, et il se maintient à un taux qui oscille entre 56 et 55 piastres. En un mot, les conditions du l'exploitation sont désormais changées pour les mines d'argent. Une économie de 60 à 70 piastres par quintal dans les frais de l'amalgamation ne peut manquer d'éveiller l'esprit d'entreprise.

Une autre cause influera nécessairement sur l'extraction de l'argent, et cette cause n'est autre que l'abondance même de l'or. Si légère que soit la hausse qui en résulte par contrecoup, elle agira comme un levier sur le travail des mines. Quand on verra l'argent plus demandé, on rouvrira les galeries abandonnées, et l'on poussera plus activement l'exploitation de celles qui sont restées productives. Si les mines qui alimentent la circulation de l'urgent se trouvaient aujourd'hui épuisées, et que l'on ne pût pas en renouveler l'approvisionnement à d'autres sources, en quelques années l'argent obtiendrait la valeur de l'or, ou bien la valeur de l'or descendrait au niveau de celle de l'argent ; mais, tant que l'extraction, de l'argent n'a d'autres limites que le prix de la main-d'œuvre, la puissance des appareils et l'économie des procédés scientifiques, tout accroissement dans, la production de l'or qui n'est pas déterminé par des besoins accidentels et extraordinaires doit amener un accroissement correspondant dans la production

Léon Faucher

de l'argent. N'est-ce pas là le spectacle auquel nous assistons depuis 1850 ? Qui oserait affirmer que l'or de la Californie n'est pour rien dans les progrès qu'a faits l'exploitation de l'argent au Mexique et au Chili ?

Au reste, l'extraction même de l'or ajoute à la masse de l'argent. Les mines d'argent ne sont pas toujours aurifères, et les plus riches en or n'en contiennent que des parcelles. Les mines d'or sont constamment argentifères. La proportion de l'argent dans une pépite d'or se trouve d'un huitième en Californie, d'un dixième en Sibérie et d'un cinquième dans la Nouvelle-Galles du Sud. Ainsi, pour 4 kilogrammes d'or, l'Australie donne 1 kilogramme d'argent. C'est là un fait important que vient de révéler l'analyse chimique.

La production de l'argent est en voie d'accroissement ; celle de l'or se soutiendra-t-elle ? On peut raisonnablement en douter. En Sibérie, on a vu rétrograder depuis 1847 le rendement des terrains aurifères. L'extraction est stationnaire, peut-être même décroissante en Californie. L'Australie seule, qui présente encore des placers non exploités, paraît devoir produire plus qu'elle n'a produit. Des gisements nouveaux peuvent se révéler dans d'autres contrées, et leurs résultats entrer en ligne. En combinant ces diverses circonstances, on incline naturellement à penser que les quantités qui forment aujourd'hui la moisson annuelle de l'or ne diminueront pas pendant un certain nombre d'années ; mais, lorsque les mineurs auront saccagé les terrains d'alluvion et qu'il faudra s'attaquer à la matrice même dans laquelle, à travers les révolutions successives du globe, la nature a formé et déposé l'or, alors le travail des mines, rendant beaucoup moins, exigera l'économie qui résulte de l'application du capital et des méthodes scientifiques.

Dans un mémoire lu en 1848 à l'institut royal de Londres, sir Roderick Murchison fit remarquer que les principaux dépôts d'or se trouvaient dans les détritus aurifères, et qu'il ne fallait pas s'attendre aux mêmes coups de fortune en exploitant les veines qui se ramifiaient dans les rochers de quartz. Les résultats recueillis jusqu'à présent en Californie ont pleinement confirmé ces prévisions de la science. Voici ce qu'écrivait de San-Francisco, le 4 avril dernier, un ingénieur des mines à la suite d'une tournée dans les régions occupées par les chercheurs d'or :

« Je vous envoie le résultat des expériences qui ont été faites sur des fragments de roc. Dans chacune, l'on a opéré sur trois tonnes de quartz, qui ont été réduites en poussière et traitées avec soin par l'amalgamation.

« On a fait cinq expériences dans le comté de Bath, situé entre l'Yuba et la rivière de la Plume, sur autant de veines. Le n° 1 a donné 3 dollars 53 cents par tonne ; le n° 2, 9 dollars 50 cents ; les n° 3 et 4, 11 dollars chacun, et le n0 5, 17 dollars.

« Dans le comté de Nevada, on a fait des essais sur quatre points différents : le n° 1 a donné 15 dollars par tonne ; le n° 2, à peine quelques parcelles d'or ; le n° 3, 14 dollars par tonne : cette mine, sur laquelle une compagnie avait établi ses appareils, vient d'être abandonnée ; le n» 4 a rendu 59 dollars- : la veine était (rime richesse extraordinaire et donnait aux propriétaires des bénéfices considérables.

« Dans le comté d'Eldorado, trois veines différentes ne présentèrent pas un rendement supérieur à 17 dollars par tonne ; une quatrième égalait la richesse du n° 4, pris dans le précédent comté.

« Dans le comté de Mariposa, sur huit expériences, trois veines donnèrent à peine de 3 à 7 dollars par tonne ; trois, de 7 à 20 dollars ; une seule, 24 dollars, et une autre, 38 : les deux dernières veines avaient attiré des mineurs qui se disposaient à les exploiter.

« Aucune entreprise n'exige une étude plus attentive ni plus dispendieuse que l'exploitation du quartz aurifère. Une bonne veine, qui rendra par exemple 36 dollars par tonne de minerai, peut être considérée par des hommes modérés comme une affaire satisfaisante. On en trouve parfois de beaucoup plus riches ; mais, de tous les moulins à broyer le quartz qui ont été établis en Californie, je ne crois pas qu'un tiers soit employé sur des mines qui rendent 30 dollars la tonne pour un travail de quelque durée. Aussi la moitié des travaux de ce genre sont interrompus. »

D'après l'espèce de procès-verbal que nous venons de citer, une veine de quartz, pour être productive, devrait donner 36 dollars, soit 192 fr. 60 c. par tonne. En poids, cette somme représente 55 grammes sur 1,000 kilogrammes, ou cinq parties et demie d'or sur cent mille de quartz. Le minerai de fer rend 10 à 15 pour 100 de métal, et la production de la fonte exige infiniment moins de travail

Léon Faucher

et de dépense que l'extraction de l'or. En Australie, il est vrai, on a d'abord supposé, après l'analyse de quelques onces de quartz prises au mont Ophir, que la tonne devait rendre plus de 1,100 livres sterling ; mais ces expériences, faites sur une très petite échelle, ne méritent aucune confiance. Il n'est pas probable que l'Australie, quand les mineurs se trouveront réduits à l'exploitation du quartz aurifère, donne des résultats beaucoup plus encourageants que ceux de la Californie.

L'abondance extraordinaire de l'or ne se présente donc pas avec les caractères de la durée. C'est une invasion soudaine à laquelle nous avons à faire face ; ce n'est pas, autant que l'on peut en juger aujourd'hui, le règne d'un métal qui vient en détrôner un autre. Néanmoins il en résulterait infailliblement une baisse très prononcée dans la valeur de l'or par rapport à celle de l'argent, sans l'activité que semble prendre l'exploitation des gîtes argentifères. D'autres causes individuellement secondaires ont concouru ou pourront concourir à neutraliser l'effet de cette inondation.

C'est peu de savoir à quelles quantités s'élève la production annuelle des métaux précieux, si l'on n'examine dans quelles proportions ils se distribuent entre les deux hémisphères. L'argent donne lieu à un commerce régulier, et, sortant de sources depuis longtemps ouvertes, il vient à peu près exclusivement s'échanger en Europe contre les produits du sol ou de l'industrie. L'or de la Californie, au contraire, richesse inattendue qui jaillissait dans un pays neuf, a dû être d'abord absorbé par les besoins de la circulation locale ; une société nouvelle se formant au milieu de contrées désertes, il a bien fallu qu'elle se créât des moyens d'échange, une monnaie. Après les nécessités de la Californie, celles des États-Unis se sont imposées les premières. Les États-Unis travaillaient depuis quelques années à faire rentrer les métaux précieux dans leur circulation monétaire. L'or importé de la Californie a contribué puissamment à opérer ce reflux. La monnaie d'argent ne circule qu'en très faibles quantités dans l'Union américaine. On y frappe l'or en pièces de 20, de 10, de 5 dollars, et même de 1 dollar. De 4 à 500 millions récoltés dans les trois premières années, à peine 70 à 75 millions ont été envoyés en Europe. Le mouvement d'importation en 1851 a commencé à être plus sensible. D'après les relevés que publient les journaux américains des quantités d'or expédiées des ports de New-York et de la Nouvelle-Orléans, l'Europe aurait reçu l'année dernière 200 millions de francs.

On obtient le même résultat en partant d'autres données. La monnaie de Londres, qui frappe en moyenne pour 2 millions sterling de pièces d'or, et qui n'en avait frappé en 1850 que pour 1,492,000 livres sterling, a augmenté ses opérations, en 1851, jusqu'à présenter un chiffre de 4,200,000 livres sterling (plus de 105 millions de francs). La moitié de ces valeurs devait être de provenance californienne. Dans la même année, la monnaie de Paris a frappé en pièces d'or 269,709,570 francs, dont près de 100 millions provenaient de la conversion en monnaie française des guillaumes hollandais. En tenant compte du monnayage allemand, qui se réduit à des sommes peu importantes, nous retrouvons le chiffre approximatif de 200 millions pour l'or qui provient de la Californie. Si l'on en juge par l'activité de notre monnaie, l'importation de 1852 resterait jusqu'à présent inférieure à celle de 1851, car nous n'avons frappé que pour 14 millions en pièces d'or dans le cours du premier trimestre.

L'Australie envoie régulièrement d'assez grandes quantités d'or en Angleterre ; mais une partie de ce que le pays producteur exporte en poudre ou en pépites lui revient sous la forme de monnaie. Plusieurs navires sont récemment partis de Londres chargés de 200,000 liv. sterl., à une époque où l'Angleterre avait reçu à peine 800,000 livres sterling tant de Sydney que de Melbourne. Des sommes considérables y seront aussi importées sous forme d'argenterie et de bijoux. Plus la richesse de cette colonie augmentera, et plus elle emploiera l'or dans sa circulation monétaire ainsi que dans les usages de luxe. Le pays de production sera infailliblement la contrée par excellence de la consommation.

Au reste, et bien que le métal précieux afflue sur le marché de Londres, l'or australien s'y est vendu, vers le milieu de juin, 4 livres sterling et 2 sh. l'once. Ce prix élevé s'explique par les besoins du continent européen. L'Europe renferme deux cents millions d'habitants, dont à peine la moitié est suffisamment pourvue de monnaie métallique. Il faudrait certainement une addition de plusieurs milliards de francs aux quantités qui circulent parmi les nations civilisées pour mettre chez la plupart d'entre elles l'instrument des échanges au niveau du rôle qu'il remplit en

Léon Faucher

France, en Belgique, en Suisse, en Hollande et dans le Royaume-Uni. Nous savons que les peuples industrieux ont seuls besoin de beaucoup d'or et d'argent, parce qu'ils font seuls beaucoup d'affaires. L'abondance de la production précède et sollicite celle de la monnaie. La richesse doit exister dans un état avant le signe qui la manifeste et qui la rend disponible ; mais on ne peut nier en même temps que la circulation des métaux précieux ne stimule à un haut degré la création des richesses : elle agit comme les moyens de transport qui, en ouvrant des débouchés et en étendant le rayon de la vente, donnent de la valeur aux produits. La moitié de l'Europe n'a qu'un commerce sans importance et ne tire qu'un faible parti des ressources que lui offre le sol ; elle n'a ni industrie ni crédit. L'or et l'argent sont remplacés, dans ces contrées à demi civilisées, par un papier-monnaie souvent discrédité et sans valeur, en tout cas, au-delà de la frontière.

L'Autriche vient de conclure, partie à Francfort et partie à Londres, un emprunt de 3 millions et demi de livres sterling, qui est principalement destiné à relever le papier-monnaie du discrédit dans lequel il était tombé, en donnant les moyens de reprendre les paiements en espèces. Ce sera le premier pas vers la restauration de la monnaie métallique, qui avait disparu à ce point de la circulation que l'on divisait en quatre les coupures inférieures des papiers de banque pour en faire des appoints. La Prusse, la Pologne, la Russie et la Turquie éprouvent à divers degrés les mêmes embarras que l'Autriche. Avant d'avoir saturé tous ces marchés affamés d'or et d'argent, il faudra que les trésors de la Sibérie, de l'Australie et des deux Amériques s'épanchent pendant bien des années sur l'Europe.

La rareté de l'or en avait restreint l'usage, en France notamment, aux coupures d'une valeur assez élevée. Depuis qu'il devient plus commun, on l'a monnayé en pièces de 10 francs, qui sont très recherchées et d'un usage commode. Ces coupures paraissent destinées à remplace une partie de l'argent qui encombre inutilement la circulation. On a calculé que les billets de banque de 200 et de 100 francs avaient amené une économie de plusieurs centaines de millions dans l'emploi des métaux précieux. Les pièces de 10 francs en or, en pénétrant dans la circulation, emploieront une partie de l'or qui surabonde et feront sortir une partie de l'argent. La demande de l'argent diminuera donc de toute la quantité dont augmentera celle de l'or. Les paiements quotidiens y gagneront en facilité comme en sécurité : l'argent fera l'appoint de l'or, comme l'or fait l'appoint des billets de banque. C'est là ce qui se passe en Angleterre, où l'argent circule en si faibles quantités, que la monnaie de Londres, qui a frappé en 1850 pour 1,492,000 livres sterling en pièces d'or, n'a livré que pour 130,000 livres sterling (3,260,000 francs) de pièces d'argent. La même année, 86 millions en pièces d'argent sortaient de la monnaie française.

Il ne faut pas oublier que les peuples qui n'appartiennent pas à la civilisation chrétienne réclament aussi leur part dans la distribution des métaux précieux. Les Chinois importaient déjà des dollars du Pérou et du Mexique en échange de leurs soieries ; ils attiraient à eux par le commerce ou par le travail l'or produit dans les îles de la Sonde. Ce peuple industrieux envoie aussi son contingent de trafiquants et de mineurs sur les placers de la Californie et de l'Australie. Une partie de l'or californien a déjà pris la route de la Chine ; mais l'Australie semble mieux placée pour approvisionner de métaux précieux les régions orientales ainsi que les contrées méridionales de l'Asie. L'or australien sera placé là à fonds perdus, car, si les métaux précieux que l'on jette dans la circulation en Europe surnagent en quelque sorte et se retrouvent en partie du moins au bout d'un certain temps, ceux que l'on envoie en Chine, dans l'Inde ou en Afrique n'en reviennent jamais : ce n'est pas à la circulation qu'on les livre, c'est à la consommation.

Rien ne semble plus propre à rassurer les esprits qui s'alarmeraient de l'abondance de l'or que l'étendue presque sans limites du marché. Quel peuple civilisé ou non civilisé, agricole ou industriel, n'entre pas aujourd'hui dans le mouvement du commerce ? Qu'est-ce que les millions que l'on peut retirer des flancs de la Cordillère auprès de ceux que représentent les capitaux créés sur le globe par le travail ? Il faudrait plus d'un quart de siècle d'une production comme celle que donnent les lavages réunis de l'Altaï, de la Californie et de la Nouvelle-Galles du Sud, pour accumuler une somme d'or égale au revenu annuel de la seule Angleterre. Cette récolte inattendue de métaux précieux vient s'ajouter à un fonds commun qui est non plus la pauvreté, mais la richesse ; elle ne saurait produire une impression profonde ni durable sur la masse incalculable de valeurs qui existe dans le monde.

Léon Faucher

Après tout, l'Europe elle-même ne conserve pas l'or et l'argent comme des reliques. Les monnaies s'usent par le frottement, au point qu'il faut procéder de temps en temps à des refontes, et que la perte qui eu résulte est mise à la charge de la société. L'usage de la vaisselle d'or et d'argent, l'orfèvrerie et la bijouterie, s'étendent aussi chaque jour, comme l'horizon de la classe moyenne. Les ateliers de la France, de l'Angleterre et de la Suisse en fabriquent pour le monde entier. Les statisticiens anglais ont évalué le vide que le frai, les sinistres de mer et l'exportation sans espoir de retour font dans l'approvisionnement en métaux précieux des États-Unis et de l'Europe - à plus de 125 millions de francs par année. Une évaluation plus modérée ramènerait cette perte à 75 millions. Quant aux industries de luxe, les sommes d'or et d'argent qu'elles emploient annuellement sont estimées par M. Jacob à 148 millions de francs, sans y comprendre la consommation de l'Union américaine. M. M'Culloch, qui embrasse les États-Unis dans ses calculs, s'arrête au chiffre de 150 millions. La France employant à elle seule plus de 30 millions, on peut admettre, sans craindre d'exagérer, la somme de 125 millions pour l'or et l'argent appliqués aux usages domestiques. Voilà donc une consommation annuelle de 200 millions à défrayer. La place que prend l'or dans cette absorption des métaux précieux est chaque jour plus importante.

Que reste-t-il aujourd'hui en Europe de la masse énorme de métaux précieux que le Mexique et le Pérou y ont versée pendant trois siècles ? L'or et l'argent qui figurent dans la circulation représentent à peine les quantités que les mines ont produites depuis cinquante ans. Les trente milliards que l'Amérique avait envoyés à l'Europe, depuis la conquête espagnole jusqu'au commencement du XIXe siècle, ont à peu près entièrement disparu. On dirait que l'industrie, en touchant à l'or et à l'argent, les volatilise. La France convertit en monnaie une grande quantité de métaux précieux ; mais l'or monnayé n'y séjourne pas, et l'exportation tend constamment à l'expulser du territoire. Ainsi, de 1840 à 1852, en douze années, nous avons importé 123,012 kilogrammes d'or, et nous en avons exporté 71,217 : différence en faveur de l'importation, 52,595 kilogrammes, soit 181,138,000 francs, lesquels donnent une moyenne de 15 millions de francs par année. La bijouterie, l'orfèvrerie et la dorure emploient annuellement en France des quantités d'or qui excèdent cette somme : l'excédent est pris sur la réserve monétaire, et c'est ce qui explique la prime dont l'or jouit sur notre marché. La moyenne se réduirait de plus de moitié, s'il fallait en déduire l'année 1851, pendant laquelle l'importation a dépassé l'exportation de 34,503 kilogrammes ; mais les résultats de 1851 peuvent passer pour un phénomène exceptionnel. Déjà même il doit nous en rester peu de chose. L'or émigré de notre marché sur le marché de Londres. La Banque de France, dont l'encaisse métallique comprenait en 1851 environ 100 millions de francs en or, n'en compte plus que 15 à 20 millions. La monnaie d'or, qui est encore assez commune à Paris, ne se rencontre presque pas en province.

De 1840 à 1852, le commerce français a importé 10,175,312 kilogr. d'argent et en a exporté 3,688,279 kilogrammes. L'excédent de l'importation, soit 6,487,053 kilogrammes, représente une somme de 1,430,125,943 francs, ou 119,157,162 francs par année. En admettant que les besoins du luxe absorbent 15 millions par année et le frai 10 ou 12 millions, notre réserve monétaire en argent se serait accrue d'au moins 1,100 millions depuis 1840. Cela laisse une assez belle marge dans la circulation métallique de la France à l'accroissement de l'or. Quand l'importation de l'or excéderait désormais l'exportation d'une quantité annuelle égale à 200 millions de francs, avec cette réserve accumulée de 1,100 millions et avec un excédent annuel de 80 à 90 millions de francs sur l'importation et sur la consommation de l'argent, il faudrait au moins dix ans pour rétablir l'équilibre entre les deux métaux tel qu'il existait en 1840.

Je ne connais rien de plus téméraire que les prédictions ou même les prévisions tant soit peu tranchantes dans tout ce qui touche au commerce de l'or et de l'argent. La précision que la science économique apporte à l'observation des faits et la rigueur du calcul n'ont pas de prise sur des phénomènes qui varient au gré d'une infinité de causes ; mais il est permis de croire, quand on voit l'or obtenir une prime, malgré l'abondance croissante de l'importation et après que plusieurs peuples l'ont expulsé de leur monnaie, que la proportion établie par les lois des divers peuples entre l'or et l'argent ne sera pas troublée, si elle doit l'être, avant quelques années.

Au plus fort des alarmes que la Californie avait fait naître, on a proposé des mesures plus ou moins radicales. Quelques personnes

Léon Faucher

auraient voulu que le gouvernement limitât les quantités d'or qu'il serait permis de frapper chaque année. Cet expédient, dans le cas d'une dépréciation, n'aurait été qu'une barrière 1res insuffisante, car les quantités importées et conservées en lingots n'en auraient pas moins augmenté l'accroissement et pesé sur le marché. D'autres avaient songé à modifier la proportion légale ; mais cette mesure n'aurait pas d'objet tant que l'or obtient une prime. Si l'or venait à être déprécié, elle serait dangereuse avant que l'expérience eût constaté une baisse large et d'une certaine durée ; mais, la dépréciation une fois avérée, il n'y aurait pas d'autre parti à prendre.

Reste la démonétisation de l'or. Sans doute, aucune base n'est plus rationnelle ni plus sûre pour la circulation que l'unité de l'étalon monétaire. En fait, dans toutes les contrées qui donnent concurremment à l'or et à l'argent le privilège de monnaie légale, l'un des deux métaux obtient toujours une prime sur l'autre et ne figure dans les paiements qu'à titre d'accident. Logiquement, c'est bien assez de soumettre la valeur des choses aux variations du métal qui est pris pour signe représentatif, sans s'exposer à doubler l'incertitude en attribuant à deux métaux le rôle de monnaie. En partant de ce principe, il y aurait encore à examiner lequel des deux métaux présente, dans un temps donné, la valeur la moins variable. Avant la découverte des placers Californiens, l'argent aurait eu peu de chances. Aujourd'hui même, la question ne me paraît pas avoir changé de face, autant qu'on le croit vulgairement.

Ajoutons qu'il n'est pas également facile à tous les peuples qui ont adopté le double étalon d'exclure sans inconvénient l'un des métaux précieux de leur circulation monétaire. L'exemple de la Hollande a prouvé que l'or, en perdant le caractère de monnaie légale, n'avait pas la moindre chance d'être admis comme monnaie de convention. Démonétiser l'or, c'est l'expulser du marché. Qu'une nation commerçante comme la Hollande, qui vit de la liberté et qui fait métier de transporter sur toutes les mers non-seulement ses produits, mais encore ceux des autres contrées, renonce à un île ses moyens d'échange, cela n'entraîne pas pour elle de grands périls. L'Angleterre, qui ne semble pas disposée en ce moment à imiter les Hollandais, pourrait seule, ayant le commerce du monde entre les mains, le faire sans trop de dommage. Pour la France, à moins d'une nécessité pressante, elle ne saurait dans les conditions actuelles, démonétiser l'or sans s'exposer à une perturbation complète de ses rapports extérieurs et de ses plus sérieux intérêts.

Notre commerce est enchaîné dans les liens du système protecteur. Sans parler des prohibitions directes qui déshonorent nos tarifs de douane, presque tous les droits qui grèvent les articles de grande consommation sont des prohibitions déguisées ; en échange des produits français qu'ils vendent à l'étranger, nos marchands ne peuvent guère en rapporter que des matières premières. Encore la fonte et le fer en barres, cette matière première de toute industrie, sont-ils tarifés à plus de 100 pour 100 de leur valeur. Dans les contrées qui ont une législation vraiment commerciale et où les douanes ne sont qu'un impôt, les importations et les exportations se balancent. Dans notre pays où l'on a voulu en faire une barrière pour arrêter les échanges, les marchandises exportées ont toujours une valeur supérieure aux marchandises importées. En 1850, par exemple, l'importation représentant 790 millions de francs et l'exportation 1,068 millions, une somme de 278 millions forme la différence. L'Angleterre et les États-Unis à eux seuls reçoivent de nos produits une valeur qui excède de 236 millions celle des produits qu'ils nous envoient. Et comme les nations avec lesquelles nous commerçons ne peuvent pas nous donner des marchandises pour solde, il faut bien qu'elles nous paient en or et en argent. Voilà pourquoi l'on trouve au tableau de 1850, qui ne donne pas même les faits sur ce point dans toute leur étendue, 220 millions de francs importés en numéraire.

Tant que le système protecteur régira la France, il paraît impossible de retirer à l'or son caractère de monnaie. Ce serait enlever à notre commerce un moyen indispensable d'échange. On lui interdirait ainsi tout rapport avec les peuples qui ne peuvent payer qu'en or ce qu'ils achètent, ou qui n'ont à nous vendre que des produits qui sont déjà exclus par notre tarif. L'or ne s'écoule que dans les contrées où il trouve un marché, et il n'y a de marché pour l'or que là où ce métal est à la fois marchandise et monnaie. Un bénéfice d'un demi pour 1,000 suffit aujourd'hui pour détourner le courant des métaux précieux. On ne doit jamais perdre de vue celle considération quand on s'occupe de la législation monétaire.

Au fond, le changement que l'on avait annoncé à grand bruit dans la valeur relative de l'or et de l'argent ne semble rien moins

Léon Faucher

qu'imminent à cette heure. Si quelque révolution nous menace de ce côté, c'est bien plutôt une dépréciation simultanée et, commune aux deux métaux. Les esprits prévoyants ne se contentent pas d'en exprimer la crainte ; ils se prémunissent déjà contre les chances défavorables que l'avenir peut nous réserver. C'est une des causes, qui font rechercher aujourd'hui les actions de chemins de fer et les propriétés foncières. C'est ce qui explique l'abandon relatif dans lequel, je ne dis pas la spéculation, mais les capitaux de placement laissent les rentes sur l'état. On s'effraie des placements dans lequel tout demeure fixe, le capital et le revenu. Ceux-là se trouveraient, en effet, les plus fortement atteints, dans le cas où l'argent viendrait à perdre de sa valeur, tandis que les actionnaires des chemins de fer conserveraient la chance de voir s'accroître leur revenu, et les propriétaires, celle de voir leur capital augmenter suivant la même proportion, dans laquelle la monnaie se déprécierait.

En me prévalant de ces faits, je n'entends nullement m'ériger en prophète, je me borne à indiquer un des symptômes de la situation. Le danger, s'il existe, n'est assurément pas prochain. Nous avons déjà vu l'usage des billets de banque prendre en France un développement qui, grâce à la bonne tenue de ces valeurs, produisait dans la circulation le même effet qu'un accroissement considérable du numéraire. Cependant la valeur des choses n'a point été altérée. Il est raisonnable de penser que l'abondance de l'or et de l'argent ne fera pas de haute lutte du moins ni en un jour ce que n'a pas fait l'abondance du papier de banque.

L'affluence des métaux précieux a été un événement en quelque sorte providentiel dans la situation révolutionnaire de l'Europe. Le crédit avait disparu ou hésitait presque partout entre les tempêtes de la veille et celles qui s'annonçaient pour le lendemain. Les affaires s'étaient arrêtées ou ne se traitaient plus qu'au comptant. On était revenu à cet état de défiance et d'embarras qui marque dans les sociétés les premiers pas de l'échange. La monnaie métallique, circulant à plein canal, a pu entretenir encore un reste de mouvement et de chaleur. En veut-on la preuve ? L'excédent moyen du numéraire importé sur le numéraire exporté, qui n'était, chez nous, avant 1848, que de 80 à 100 millions, s'éleva tout à coup à près de 300 millions pour chacune des années 1848 et 1849. Le numéraire, dans ces temps de trouble, a suppléé les effets de commerce, et il a soutenu toutes les valeurs ; mais dans les époques de calme et de confiance, où il ne règne pas seul et où il concourt, avec les billets de banque et le papier de commerce, à défrayer la circulation, la monnaie d'or et d'argent doit se proportionner au mouvement des affaires. Ce qui fait que 600 millions de francs en écus encombrent aujourd'hui, sans profit pour le pays, les caves de la Banque de France, c'est que les capitaux ne se lancent que sur le marché des fonds publics, et que la reprise du travail sur une grande échelle ne sort pas encore du domaine des espérances pour entrer dans celui des réalités ; mais que l'industrie prenne confiance dans l'avenir, et l'on verra la réserve métallique de la Banque diminuer. Par une conséquence toute naturelle, notre marché attirera les métaux précieux du dehors. En fait, l'or et l'argent sont demandés ; les conditions du travail s'améliorant, on ne pourra que les rechercher davantage.

Ne nous laissons donc ni abattre ni enivrer ; le monde n'est aujourd'hui ni sur le seuil d'un Eldorado ni à la veille d'un cataclysme. Les gens qui prennent l'or et l'argent pour une richesse absolue, qui confondent l'abondance du numéraire avec celle du capital et qui affirmaient que l'or importé de la Californie allait amener la baisse de l'intérêt, se rappelleront que le taux de l'intérêt est déterminé par la confiance, et que la confiance dépend de l'ordre établi dans la société. La Californie elle-même s'est chargée de démontrer leurs illusions, car, dans ce pays où l'on faisait litière de l'or, l'intérêt s'est élevé jusqu'à 8 pour 100 par mois. Ceux au contraire qui, à la vue des galions nouveaux se dirigeant vers l'Occident, ne rêvent que catastrophes et que ruines, ceux qui insinuent qu'un moment viendra où la Banque de France paiera pour qu'on la débarrasse de son or, n'oublieront pas qu'elle le vend aujourd'hui sans difficulté et même en obtenant un bénéfice sur le taux légal, et que le commerce de l'or n'a jusqu'à présent ruiné personne.

Note tableau de la page 54:

1 D'après les renseignements officiels qu'a bien voulu nous communiquer M. Rosalès, représentant du Chili à Paris, la production de 1850 aurait été de 4,070,000 piastres.

Léon Faucher

ISBN : 978-1533481610